ROYAL HORTICULTURAL SO

DK GARTENTIPPS

RASEN
& BODENDECKER

ROYAL HORTICULTURAL SOCIETY
DK GARTENTIPPS

RASEN
& BODENDECKER

GEOFF STEBBINGS

DORLING KINDERSLEY
LONDON • NEW YORK • MÜNCHEN • PARIS

DORLING KINDERSLEY

REIHENBETREUUNG Pamela Brown
REIHENBILDBETREUUNG Stephen Josland
GESTALTUNG Anne Thompson

CHEFLEKTORAT Louise Abbott
CHEFBILDLEKTORAT Lee Griffiths

DTP-DESIGN Matthew Greenfield

HERSTELLUNG Ruth Charlton, Mandy Inness

Die Deutsche Bibliothek – CIP-Einheitsaufnahme

Ein Titeldatensatz für diese Publikation ist bei
Der Deutschen Bibliothek erhältlich.

Titel der englischen Originalausgabe:
Lawns and Ground

ÜBERSETZUNG Birgit Lamerz-Beckschäfer, Datteln
REDAKTION UND SATZ Redaktionsbüro Christiane Blaß, Köln

ISBN 3-8310-0162-6

Printed and bound in Singapore by Star Standard Industries Pte. Ltd.

Besuchen Sie uns im Internet
www.dk.com

INHALT

RASEN UND BODENDECKER

FLÄCHENDECKENDE PFLANZEN

EINE GARTENFLÄCHE MIT RASEN zu bepflanzen hat eindeutige Vorteile. Die weiche Oberfläche eignet sich gut für Spiel und Entspannung und ist zugleich ein kühles, auflockerndes Element, bei der Gestaltung eines ländlichen Gartens ebenso wie bei einem kleinen Stadtgarten. Ein gesäter Rasen stellt die preiswerteste Bepflanzung einer Fläche dar und kann ohne großen Aufwand gepflegt werden. Als Bodendecker ist Gras allerdings nicht in jedem Fall die beste Lösung.

VERSCHIEDENE MÖGLICHKEITEN

Eine große Fläche mit Rasen zu überziehen, ist verlockend einfach, doch gibt es ebenso attraktive andere Möglichkeiten. Wie soll die Fläche genutzt werden? Geht es nur darum, einen »toten Winkel« neben einer Einfahrt oder im Vorgarten zu begrünen, bieten

Gras ist nicht immer die beste Wahl

sich eher pflegeleichte kriechende Bodendecker an, die mit ihren Blüten oder Früchten zudem hübsch aussehen. In einem sehr kleinen Garten lässt sich auch aus duftenden Kräutern eine dekorative Grünfläche bilden, die nicht einmal gemäht werden muss. Manche, insbesondere schattige Flächen sind einfach ungeeignet für Gras. Für solche Stellen sollte man deshalb andere Möglichkeiten erwägen. Schmale Gartenwege lassen sich besser aus harten Werkstoffen anlegen, da die überhängende Randbepflanzung das Mähen erschweren und der Weg im Winter schnell verschlammen würde.

SCHATTENLIEBHABER *Bodendecker sind pflegeleicht und sehen gut aus. Damit sind sie eine Alternative für Bereiche, die nicht begangen werden. Dieser Günsel gedeiht auch im tiefen Schatten.*

◄ EINE WOHLTAT FÜRS AUGE *Ein grüner Rasen bildet den Teppich für ein »Zimmer im Freien«.*

Geschichte des Rasens

Rasenflächen in Hausgärten sind eine relativ neue Erscheinung. Vor der Erfindung des Rasenmähers in den 30er Jahren mussten Rasen mit der Sense geschnitten oder von Weidetieren kurz gehalten werden; sie waren deshalb auf Anwesen beschränkt, die über viele billige Arbeitskräfte verfügten. Mit der Weiterentwicklung des Rasenmähers gewannen auch Rasenflächen an Beliebtheit. Die ersten Motormäher gab es zwar schon zu Beginn des 20. Jahrhunderts, doch der Durchbruch kam erst in den 60er Jahren mit dem ebenso einfach zu bedienenden wie leicht gewichtigen Elektromäher. Heute ist die Rasenpflege einfacher denn je. Für jede Flächengröße gibt es das richtige Modell, vom Mini-Handmäher bis zum Aufsitzmäher.

Wieso Gras?

Gräser sind ideale Rasengewächse, da sie niedrig bleiben und ihr Vegetationspunkt unter der Schnitthöhe des Rasenmähers liegt. Die schmalen, zähen Grashalme

▶ GROSSE RASENFLÄCHEN
Für ausgedehnte Flächen ist Gras preiswerter und freundlicher als andere Beläge und leichter zu pflegen als Beete und Rabatten. Dieser im Halbschatten von Obstbäumen liegende grüne Teppich lädt zu Spiel und Entspannung ein.

▼ KLEINE RASENFLÄCHEN
Dieser kleine Zierrasen wirkt wie ein leuchtender, grüner Teich. Mit Bank und Kiesweg lässt sich die Abnutzung des Rasens gering halten.

▲ VIEL BEGANGENE WEGE
Unter überhängenden Beetpflanzen und Baumkronen sorgt ein befestigter Weg dafür, dass der Rasenpfad am Engpass nicht verschlammt.

◄ ABGESCHIEDENE PFADE
Dieser Grasweg lädt zu einem Gang quer durch den wunderschön aufgelockerten Bauerngarten in den angrenzenden Wald ein.

überstehen den Schnitt problemlos und wachsen von der Basis aus nach, was ursprünglich eine überlebenswichtige Anpassung an weidende Tiere darstellte. Die meisten Gräser vertragen Dürre recht gut. Bei Trockenheit werden sie zwar gelb, erholen sich aber beim nächsten Regen schnell.

Gebrauchs- oder Zierrasen?

Vor allem das Mähen wirkt sich nachhaltig auf die Qualität aus. Die Entscheidung, ob man einen feinen, perfekt gepflegten Zierrasen oder eine einfache »Wiese« anlegt, hängt deshalb auch davon ab, wie viel Zeit und Energie man investieren möchte. Von der Planung bis zum Mähen (im Frühsommer zwei Mal wöchentlich!) ist ein perfekter Rasen das Ergebnis harter Arbeit. Rasen muss gedüngt werden, denn Gräser brauchen viele Nährstoffe. Ohne Düngung vermehren sich Wildkräuter oder -blumen, die auch mit mageren Böden vorlieb nehmen.

Gegen einen nicht ganz perfekten Rasen ist nichts einzuwenden, und es wäre unnütz, Zeit und Mühe auf einen Rasen zu verschwenden, der zwischen Sträuchern hindurchführt oder im (Regen-)Schatten von Bäumen liegt. Die Entscheidung muss von realistischen Vorgaben ausgehen, angefangen bei der Größe der Fläche, denn einen ausgedehnten Rasen in perfektem Zustand zu halten, kostet ungemein viel Zeit und Geld.

Der Kompromiss besteht oft darin, im Vorgarten einen wenig beanspruchten, von Nachbarn und Passanten bewunderten Zierrasen und hinter dem Haus einen robusteren Gebrauchsrasen anzulegen, der der Beanspruchung durch Kinder, Haustiere, Ballspiele, Luftmatratzen und Liegestühle Stand hält.

Interessante Gestaltungselemente

Rasenflächen, die ein wenig einfallslos wirken, lassen sich auf vielerlei Weise attraktiv gestalten. Kleine Bäume, die keinen allzu tiefen Schatten werfen, lockern die horizontale grüne Fläche auf *(S. 24)* und bieten im Sommer Schutz vor greller Sonne. Zwiebelgewächse sind selbst in Zierrasen *(S. 26)* farbenprächtige Frühlingsboten. Mäht man um das Laub der Zwiebelgewächse herum, bis es verwelkt ist, gedeihen sie gut.

Ein Kräuterrasen *(S. 44)* ist für kleine Flächen eine beliebte Alternative zu Gras und fügt sich gut in einen eher formal gestalteten Garten ein. In einer naturnahen Gartenanlage bietet sich optisch vor allem eine Wiese mit hohem Gras und vielfältigen Wildblumen an, zumal sich dort auch zahlreiche Tierarten ansiedeln. Vielen Hobbygärtnern ist dies heute ein Anliegen, und in zahlreichen Gärten gibt es bereits neben dem herkömmlichen Rasen ein Stück »wilde Wiese«. Zwei Mal jährlich sollte die Wiese gemäht und das Heu aufgeharkt werden, um eine möglichst große Artenvielfalt zu fördern. Im Übrigen hat eine Wiese auch praktische Vorteile, z. B. locken Wildblumen unter Obstbäumen Bienen an und fördern so die Bestäubung der Obstblüten.

Argumente für Bodendecker

An Stellen, die für einen Rasen ungeeignet sind, stehen ausladende Stauden und niedrige Büsche zur Auswahl (siehe »Geeignete Bodendecker«, *S. 64–77*). Dank der Vielzahl von Arten gibt es Pflanzen für jeden Standort, auch für solche, wo kein Gras überleben würde, weil seine Anforderungen an Licht, konstante Feuchtigkeit und einen fruchtbaren, gut drainierten Boden nicht erfüllt sind. Die meisten Bodendecker gelten

▸ EIN BUNTER TEPPICH *Thymian und Kamille bilden eine hübsche Alternative zu Gras, beispielsweise als duftender Mittelpunkt eines Kräutergartens.*

▾ FRÜHLINGSBLUMEN *Ein Mal gepflanzte Zwiebeln, hier zum Beispiel Krokusse, verwildern rasch und bilden von Jahr zu Jahr einen dichteren Blütenteppich, vorausgesetzt, ihre Blätter werden nicht zu früh gemäht.*

als nützliche Alternativen, da sie auch in der Natur unter widrigen Umständen gedeihen, etwa im tiefen Schatten oder auf mageren Böden mit Staunässe, auf denen Gräser schon bald dem Moos unterliegen. Leider gelten viele Bodendecker zwar als nützlich, aber auch als langweilig, obwohl manche ausgesprochen dekorativ sind, und auch die gewöhnlichste Pflanze eine erstaunliche Wirkung haben kann, wenn sie in dichten Teppichen gepflanzt wird.

Mit einem Pflanzenteppich erzielt man immer eine gute Wirkung

Bodendecker haben den Nachteil, dass sie nicht trittfest sind; durch sie hindurch muss man einen befestigten Weg anlegen. Ist ein Pfad nicht erforderlich, sieht eine lockere Anordnung niedriger Pflanzen, die an sonnigen Stellen durch Kies oder im Schatten durch Rindenmulch verbunden werden, besser aus als karges Gras.

▲ PACHYSANDRA (SCHATTENGRÜN)
Eine gute Wahl als Bodendecker: Die Pflanzen sind niedrig und bilden mit ihrem immergrünen Laub das ganze Jahr einen schönen Anblick.

▼ WIESE MIT KLEE UND HAHNENFUSS
In einer Blumenwiese bilden Pflanzen, die in Beeten als Unkraut gelten, einen natürlichen Lebensraum für zahlreiche Tierarten.

RASEN UND RASENPFLEGE

VORÜBERLEGUNGEN

AUCH HEUTE NOCH IST DER RASEN in den meisten Gärten ein wichtiges Gestaltungselement, sei es als formal gestaltete Zierfläche mit präzise beschnittenen Kanten und sauber angrenzenden Beeten, als naturnahe Fläche mit Zwiebelpflanzen und Kräutern oder als »wilde« Blumenwiese. Obwohl der Rasen flächenmäßig oft einen erheblichen Anteil vieler Gärten ausmacht (meist wohl aus Kostengründen), wird er oft gedankenlos ausgesät oder verlegt.

WIE WÄCHST GRAS?

Im Gegensatz zu breitblättrigen Gartenpflanzen liegt sein Vegetationspunkt knapp über dem Boden, es wächst sozusagen von unten nach. Deshalb werden Gräser durch regelmäßiges Schneiden kräftiger, während andere Pflanzen darunter leiden. Gräser breiten sich aus, indem sie ständig weiter ausladende Gruppen oder unterirdische Ausläufer mit neuen Trieben bilden.

GRUPPEN BILDENDE GRÄSER
Sie wachsen zu einer geschlossenen Fläche.

KRIECHENDE GRÄSER
Die Graspflanzen bilden Ausläufer, die sich ringsum ausbreiten.

EINE FRAGE DER GRÖSSE
Ein Rasen als grüne Oase in einem Stadtgarten (links). Zu bedenken ist, dass selbst für die winzigste Fläche ein Rasenmäher benötigt wird, der irgendwo gelagert werden muss. In einer ländlichen Umgebung bietet sich eher eine pflegeleichte, natürlich wirkende Blumenwiese (rechts) an.

Wird die Rasenfläche stark beansprucht, sollte man sich eher für Ausläufer bildende Grassorten wie etwa Weidelgras entscheiden (zu Saatgutmischungen *siehe S. 19*), die zwar niemals perfekt aussehen, sich aber nach Schäden rasch erholen. Die gepflegtesten Rasen bestehen aus feinblättrigen Strauß- und Schwingelgräsern, die auch einen kurzen Schnitt gut vertragen. Von Abnutzung oder Dürre erholen sie sich aber nur schwer, unter ungünstigen Bedingungen sind sie zudem anfälliger für Krankheiten.

Aussaat oder Rollrasen?

Die Entscheidung zwischen Saatgut und Rollrasen ist nicht leicht *(rechte Seite)*. Generell gilt, dass man Spezialrasen in aller Regel nicht als Rollrasen findet. Auch wenn

> Spezialrasen findet man meist nicht als Rollrasen

er preiswert ist: kaufen Sie keinen Wiesenrasen, selbst wenn er mit Herbiziden vorbehandelt ist, denn er ist nie so gut wie eigens ausgesäter und gepflegter Rollrasen. Was Sie am Kaufpreis für Wiesenrasen sparen,

▲ WEICHE RUNDUNGEN
Je einfacher die Kontur der Rasenfläche, desto leichter lässt sie sich mähen, und je kleiner ihr Umfang, desto einfacher ist es, die Kanten perfekt in Form zu halten.

▼ STRAPAZIERFÄHIGKEIT
Gras ist eine ideale, weiche Grundlage für einen Spielplatz, doch eignen sich hierfür nur trittfeste Gräser. Wählen Sie Rollrasen oder Saatgut, die als strapazierfähig ausgewiesen sind.

PRÄZISER SCHNITT
Dieser akkurate Rasen wird von einer ebenso beschnittenen Buchsbaumhecke eingefasst.

investieren Sie später in jahrelange mühevolle Arbeit.

Planung und Vorbereitung

Vor dem Aussäen oder Verlegen eines neuen Rasens sollte man die Fläche möglichst früh gründlich vorbereiten, damit sich der Mutterboden setzen kann und Unkraut beseitigt wird. Schattige oder sehr feuchte Stellen sollten möglichst umgangen werden. (Nasse Böden kann man durch eine Drainage verbessern. Ein Gartenarchitekt oder Landschaftsgärtner weiß Rat.) Als Nächstes wird der Boden planiert *(S. 16–17)*. Dann kann (in der richtigen Jahreszeit) ausgesät oder ein Rollrasen verlegt werden.

ROLLRASEN ODER SAATGUT?

VORTEILE VON ROLLRASEN

- **Rascher Erfolg** Er sieht schnell »fertig« aus, ein gesäter Rasen wirkt wochenlang spärlich.
- **Wenig Probleme** mit Krankheiten und Unkraut im Boden, sofern der Rollrasen qualitativ hochwertig ist. Grundsätzlich zuerst genau ansehen, dann kaufen.
- **Keine Probleme** damit, Tiere von der frisch gesäten Fläche fern zu halten.
- **Der Boden benötigt** keine allzu aufwendige Vorbereitung.
- **Kann jederzeit** verlegt werden, außer bei heißem Wetter, sogar im Herbst und Winter.
- **Die Rasenkanten** sind scharf konturiert.
- **Kahle Stellen** können einfach durch neue Soden ersetzt werden, vorausgesetzt, man verwendet die gleiche Sorte.

VORTEILE VON SAATGUT

- **Die Auswahl** an Grassorten ist in der Regel größer als bei Rollrasen.
- **Es ist weniger** schwere körperliche Arbeit erforderlich.
- **Keine Transportprobleme**
- **Das Saatgut** kann problemlos gelagert werden. Rollrasen dagegen muss nach der Anlieferung unverzüglich verlegt werden.
- **Preisgünstig**
- **Große Auswahl** an Samenmischungen für verschiedene Rasentypen und Standorte.
- **Weniger Unkraut** als bei Rollrasen, sofern der Boden gründlich vorbereitet wurde.
- **Kahle Stellen** können mit der gleichen Samenmischung nachgesät werden und fügen sich nahtlos in die übrige Fläche ein.

VORBEREITUNG DES BODENS

VORAUSSETZUNG FÜR EINEN SCHÖNEN RASEN ist die Vorbereitung des Bodens. Dabei werden alle ausdauernden Unkräuter *(S. 58)* und bei Aussaat auch alle einjährigen Unkräuter beseitigt. Vor Aussaat oder Verlegen muss der Boden planiert, gerodet, von Pflanzenresten befreit, verdichtet und gedüngt, eventuell eine Drainage gebaut oder der Mutterboden mit organischen Stoffen verbessert werden.

WERKZEUGE ZUM PLANIEREN

Zum genauen Planieren benötigt man Holzpflöcke gleicher Länge, ein Brett, Wasserwaage und Hammer. Pflöcke 5 cm unterhalb des oberen Endes markieren. Schlagen Sie den ersten Pflock bis zur gewünschten Tiefe ein, setzen Sie dann die Übrigen so ein, dass alle Oberkanten gleich hoch aus der Erde ragen.

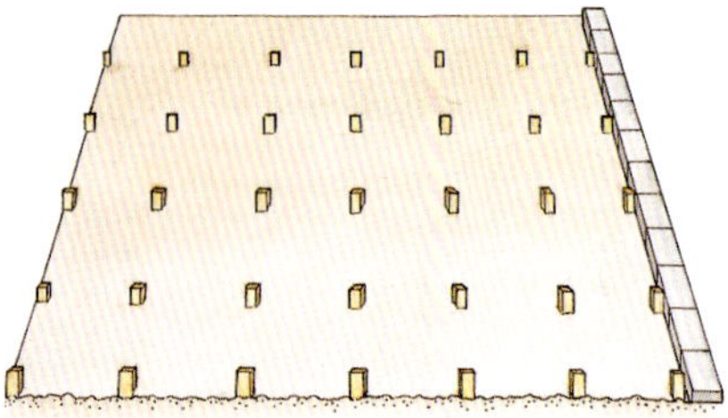

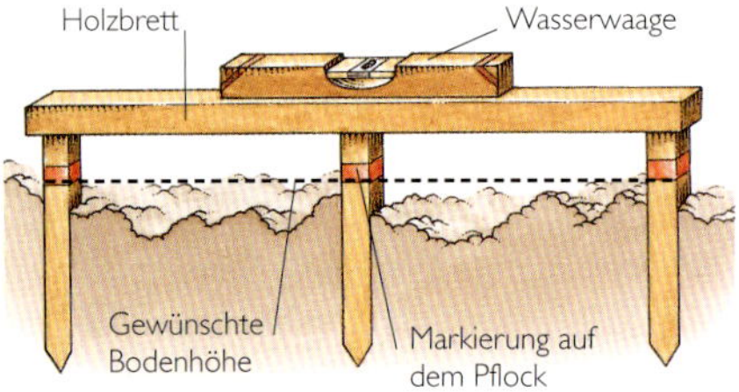

PLANIEREN
Schlagen Sie die Markierungspflöcke rasterförmig ein (oben), und richten Sie mit Hilfe eines Bretts und einer Wasserwaage alle in gleicher Höhe aus. Verteilen und verdichten Sie den Mutterboden mit der Harke entsprechend den Markierungen, gegebenenfalls Erde nachfüllen.

GEFÄLLE ANLEGEN
Die Pflöcke in unterschiedlicher Höhe markieren und so einschlagen, dass die Oberkanten auf einer Höhe liegen. Der Mutterboden wird entlang der Markierungen verteilt.

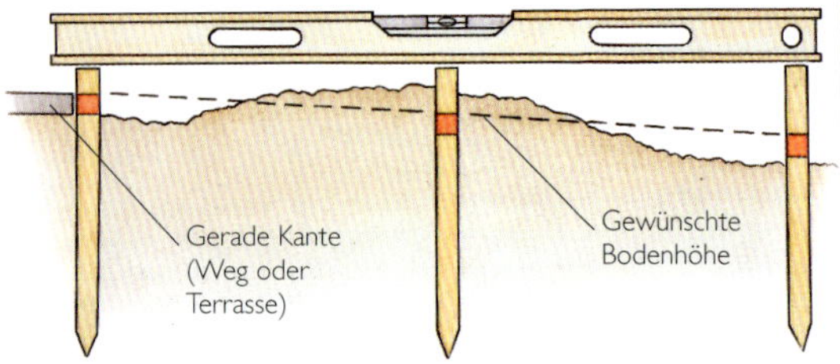

EINE EINFACHE DRAINAGE BAUEN

Für kleine Flächen legt man den Abfluss von der Hauswand weg am tiefsten Punkt an. Bei größeren Flächen benötigt man eine versetzt angelegte Reihe von Kanälen zum tiefsten Punkt. Heben Sie einen Graben aus, und füllen Sie ihn mit Schotter und grobem Kies. Manchmal muss man den Boden des Grabens mit Kies auskleiden und ein Drainagerohr hineinlegen. Der Graben wird mit grobem Schotter sowie mit Mutterboden aufgefüllt.

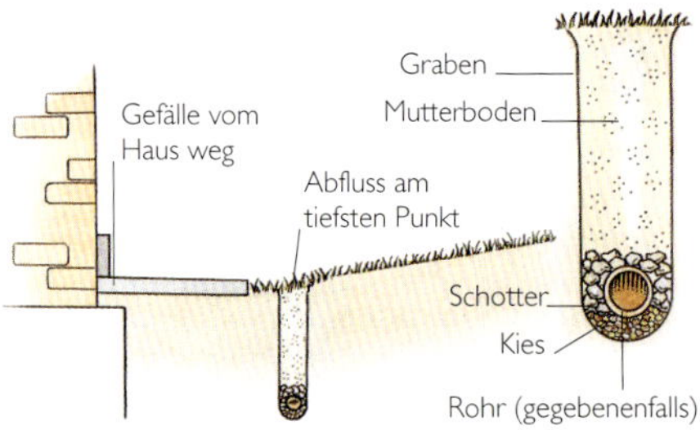

Planieren des Bodens

Gärten mit geringen Unebenheiten und einer dicken Schicht Mutterboden planiert man durch Glattziehen der Erde zwischen Kuppen und Mulden und drückt den Boden dabei immer wieder an. Der Boden muss zwar nicht völlig eben sein, doch bereiten Wellen und Senken beim Mähen oft Probleme. In manchen Fällen, etwa bei einer Wiese oder einem Spielrasen, reicht es, den Boden nach Augenmaß glatt zu ziehen. Um eine perfekt planierte Fläche für einen Zierrasen zu erhalten, sollte man nach dem ersten Planieren dem Boden etwas Zeit lassen, sich zu setzen, und ihn dann gleichmäßig festtreten. Absackende Stellen werden aufgefüllt und gegebenenfalls nochmals planiert.

1 **Verdichten Sie den Boden** mit einer Harke, oder treten Sie ihn fest. Eine Reihe Markierpflöcke ist hilfreich *(siehe linke Seite)*.

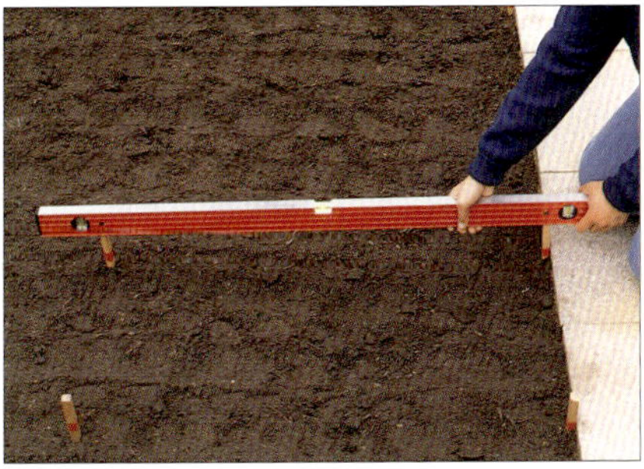

2 **Schlagen Sie eine zweite Reihe** Pflöcke in ca. 1 m Abstand parallel zur ersten Reihe ein. Stellen Sie mit einer Wasserwaage sicher, dass die Höhe der Pflöcke übereinstimmt.

3 **Legen Sie so ein Raster an.** Harken Sie den Boden bis zur Oberkante der Markierungen, füllen Sie dabei Mulden mit Mutterboden auf. Im Anschluss die Pflöcke entfernen.

Vorbereitung des Bodens

1 **Treten Sie den Boden** gründlich fest, oder drücken Sie ihn mit der Rückseite einer Harke an. Verdichten Sie den Boden gleichmä-

2 **Verteilen Sie die Erde** mit einer Harke feinkrümelig, und lassen Sie sie 10–20 Tage ruhen. Töten Sie gekeimtes Unkraut mit einem Herbizid ab.

3 **Arbeiten Sie mit einer** Harke Mischdünger in den Boden, und lassen Sie ihn vor Aussaat oder Verlegen des Rasens einige Tage ruhen.

Rasen einsäen

BEI DER AUSSAAT ist es besonders wichtig, den vorbereiteten Boden 10–20 Tage lang ruhen zu lassen, damit einjährige Unkräuter keimen und problemlos entfernt werden können. Diese Methode eignet sich übrigens auch für große Beete oder Rabatten mit einjährigen Blühpflanzen.

Rasensamen aussäen

Die Aussaat selbst *(unten)* ist ein Kinderspiel im Vergleich zur Entscheidung für eine der unzähligen Grassamen und -mischungen. Kaufen Sie nicht irgendeine Mischung, sondern wählen Sie für Ihren Zweck die richtige Sorte. Mischungen mit Weidelgras (das sich von Beanspruchung rasch erholt) galten früher selbst für Gebrauchsrasen als minderwertig, doch moderne Weidelgräser besitzen feine Blätter und sehen gut aus. Feine Gräser vertragen einen schärferen Schnitt als grobe. Spezielle Schattenrasenmischungen enthalten Wiesengräser, die man nicht zu kurz schneiden sollte.

KLEINERE BEREICHE MARKIEREN
Beim Einsäen kleiner Flächen markiert man einzelne Quadratmeter mit Töpfen oder Stöcken und sät dazwischen aus.

EINEN RASTER ANLEGEN
Bilden Sie aus 1 m langen Stäben einen Raster. Wiegen Sie die Samenteilmenge aus und streuen Sie sie in beide Richtungen gleichmäßig aus.

AUSSAAT MIT EINEM STREUWAGEN
Bringen Sie die Hälfte des Samens in eine Richtung, die andere im rechten Winkel dazu aus. Plastikfolie sorgt für eine gerade Kante.

Gebogene Konturen säen

Zum Markieren von Rundungen zieht man mit zwei Stöcken und einer Schnur eine Linie, die als Randbegrenzung dient. Ist die Fläche von Beeten umgeben, sät man ein wenig über den Rand hinaus und schneidet den Rasen auf dieselbe Weise später zurück.

RUNDUNGEN
Mit zwei Stäben an einer Schnur zirkeln Sie einen Kreis.

SAMEN BEDECKEN UND SCHÜTZEN

1 **Harken Sie nach der Aussaat** leicht über den Boden, um die Samen mit Erde zu bedecken. Wässern Sie bei trockenem Wetter regelmäßig, um die Keimung zu beschleunigen.

2 **Die Sämlinge** erscheinen nach 7–14 Tagen. Sobald das Gras etwa 5 cm hoch steht, wird es mit einem Sichelmäher auf 2,5 cm zurückgeschnitten.

VÖGEL FERN HALTEN

- Reißen Sie Stanniol in Streifen, und befestigen Sie diese an einer Schnur über dem Boden.
- Mit Abwehrstoff behandelter Samen ist für Vögel unappetitlich, aber unschädlich.
- Decken Sie kleinere Flächen mit feinem Maschendraht ab.
- Decken Sie im Frühling gesäten Rasen mit Faservlies ab.
- Manche Vögel lassen sich mit Spielzeug-Windrädern aus Plastik abschrecken.
- Locken Sie die Vögel mit Futter in einen anderen Teil des Gartens.

AUSSAATZEITEN UND -MENGEN

WANN WIRD GESÄT?

Die beste Zeit ist Frühling oder Frühherbst, wenn der Boden feucht, aber nicht zu nass ist.

- **Bei der Frühjahrsaussaat** muss man die Sämlinge bei Trockenheit ständig gießen, bis der Rasen herangewachsen ist. Außerdem darf die Fläche erst Monate später betreten werden.
- **Ein im Herbst** ausgesäter Rasen kann im folgenden Sommer leicht beansprucht werden. Man sät an einem trockenen, windstillen Tag, damit das Saatgut nicht weggeweht wird.

TIPPS ZUR AUSSAAT

- **Das Saatgut** nicht allzu dicht ausbringen, es sei denn, Vögel setzen ihm arg zu.
- **Um eine gleichmäßige** Aussaat sicherzustellen, unterteilen Sie die Fläche, wiegen die Menge für jedes Teilstück separat ab und verteilen sie. Streuen Sie das Saatgut niemals breitwürfig über größere Flächen.
- **Wiegen Sie** pro Quadratmeter Rasen etwa 25–40 g Samen ab (oder die für die Grassorte vorgegebene Menge, *rechts*). Eine größere Menge können Sie auch nach Augenmaß teilen.

SAATGUTMENGEN

- **Schwingel- und Straußgrasmischungen**

Feinblättrige Gräser für hochwertige Rasen und scharfen Schnitt: 25–30 g/m²

- **Mischungen mit Weidelgras und anderen Sorten**

Robustere Gräser für Gebrauchsrasen: 35–40 g/m²

- **Einzelne Sorten**

Einzelsorten sind im Allgemeinen für warmes Klima geeignet. Sinken die Temperaturen unter 10° C, werden sie braun, gedeihen aber bei warmem Wetter gut. Mit anderen Sorten vermischen sie sich schlecht.

Straußgras (*Agrostis*) 8–10 g/m²
Teppichgras (*Axonopus*) 8–12 g/m²
Bermudagras (*Cynodon dactylon*) 5–8 g/m²
Eremochloa ophiuroides 1,5–2,5 g/m²
Rotschwingel (*Festuca rubra* var. *rubra*) 15–25 g/m²
Deutsches Weidelgras/Englisches Raygras (*Lolium perenne*) 20–40 g/m²
Bahiagras (*Paspalum notatum*) 30–40 g/m²
Wiesenrispengras (*Poa pratensis*) 10–15 g/m²

ROLLRASEN VERLEGEN

DER VORTEIL VON ROLLRASEN besteht darin, dass man sofort ein Ergebnis sieht. Der gerade verlegte Rasen muss sich jedoch erst festigen, bevor er betreten werden darf, und sollte feucht gehalten werden, damit die Soden nicht schrumpfen und an den Kanten braun werden. Rollrasen kann zu jeder Jahreszeit verlegt werden, am besten im Herbst und Vorfrühling, nicht jedoch bei Regen oder Frost. Im Sommer entwickelt er sich rasch, muss aber feucht gehalten werden.

ROLLRASEN KAUFEN UND LAGERN

Das Verlegen von Fertigrasen muss gut geplant werden. Dazu gehört nicht nur die Berechnung der benötigten Menge (zuzüglich 5 % Verschnitt), sondern auch die rechtzeitige Vorbereitung des Bodens. Außerdem müssen Sie Zeit zum Verlegen haben. Falls irgend möglich, sollten Sie vor dem Kauf die Qualität des Fertigrasens prüfen. Guter, eigens ausgesäter Rollrasen ist meist in größere Stücke geschnitten und aufgerollt. Haben Sie unmittelbar nach Anlieferung keine Möglichkeit zum Verlegen (dazu muss es trocken sein), können die Soden bis zu drei Tagen aufbewahrt werden, bei längerer Lagerung gilben sie. Man entrollt die Stücke *(rechts)* und wässert sie bis zum Verlegen.

RASENSODEN-RESTE

Kaufen Sie reichlich Rollrasen ein, damit die gesamte Fläche mit einer »Charge« ausgelegt werden kann. Die Reste legt man mit der Grasseite nach unten und lässt sie verrotten. Sie zerfallen zu feiner Erde, die sich hervorragend zum Absanden eignet *(S. 31)*.

ROLLRASEN FRISCH HALTEN
Können Sie Rollrasen nicht sofort nach Anlieferung verlegen, entrollen Sie die Soden und gießen Sie sie täglich, damit sie feucht bleiben.

VEGETATIVE VERMEHRUNG

In warmem Klima kann man Rasen durch Einpflanzen kleiner Grassetzlinge oder Ausläufer begrünen. Die Gräser halten selbst extreme Belastungen aus, bilden aber keine so fein strukturierte Rasenfläche wie andere Sorten. Da Setzlinge und Rhizome lebende Pflanzenteile sind, die nicht gelagert werden können, muss der Boden gut vorbereitet werden. Die Setzlinge werden je in ein Pflanzloch gesetzt. In den Zwischenräumen bilden sich schon bald neue Triebe, die zu einer Fläche zusammenwachsen. Rhizome werden gleichmäßig auf der Fläche verteilt, mit einer Schicht Mutterboden bedeckt und gründlich gewässert.

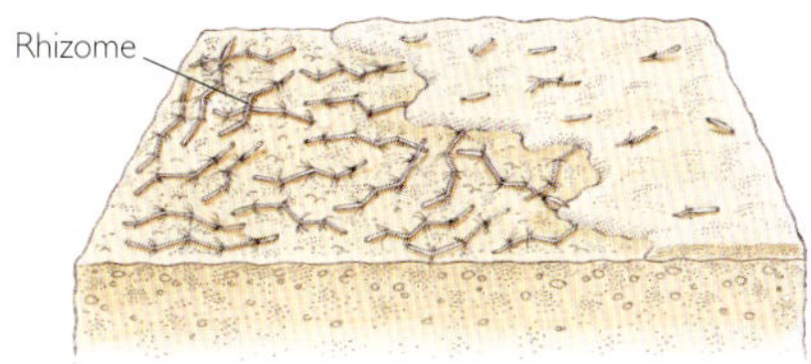

ROLLRASEN VERLEGEN

1 Verlegen Sie die erste Reihe entlang einer geraden Kante. Lassen Sie jede weitere Sode an die vorige stoßen.

2 Legen Sie ein Brett über die erste Reihe, und knien Sie sich darauf. Verlegen Sie die nächste Reihe so, dass die Soden wie in einem Mauerverbund versetzt liegen. Gehen Sie bei der übrigen Fläche genauso vor. Treten Sie nicht auf den Erdboden. Verlegen Sie kleine Soden in der Mitte.

ROLLRASEN FESTIGEN

1 Drücken Sie jede Sode mit dem Rücken einer Harke oder einer leichten Walze fest, damit keine Lufteinschlüsse zurückbleiben und die Wurzeln guten Bodenkontakt haben.

2 Tragen Sie eine dünne Schicht gesiebten, sandigen Lehm auf, und arbeiten Sie ihn mit dem Besen ein, schließen Sie dabei alle Lücken. Wässern Sie den Rasen gründlich.

RASENKANTEN ABSTECHEN

GERADE KANTE

Spannen Sie eine Schnur entlang der gewünschten Kante, und richten Sie ein Brett daran aus. Auf dem Brett stehend, stechen Sie den Rasen ab.

GERUNDETE KANTE

Füllen Sie einen Trichter mit feinem, trockenem Sand, und markieren Sie mit Hilfe einer Schnur die gewünschte Linie auf dem Rasen.

VERLEGE-TIPPS

- Beginnen Sie dort, wo die Soden lagern.
- Arbeiten Sie auf einem Brett stehend.
- Verlegen Sie kleinere Soden in der Mitte des Rasens.
- Versetzen Sie die Nahtstellen wie bei einer Mauer.
- Verlegen Sie den Rollrasen über die gewünschten Kanten hinaus, und beschneiden Sie ihn später.
- Stellen Sie den Mäher für den ersten Schnitt auf die höchste Sicheleinstellung.

Kanten und Wege

Die Kanten gehören zu den wichtigsten Elementen des Rasens. Auch wenn das Gras selbst nicht perfekt ist, lässt ein sauberer Abschluss Rasen und Beete gepflegt wirken. Viel begangene Wege quer über den Rasen werden rasch unansehnlich, vor allem bei Nässe und im Winter. Gefrorener Rasen darf nicht betreten werden. Ein angelegter Weg über eine Rasenfläche ist nicht nur praktisch, sondern lenkt auch den Blick in einen anderen Teil des Gartens.

EIN STÜCK RASEN OPFERN
Bei komplizierten Konturen sollten keine hohen Pflanzen in die angrenzenden Beete gesetzt werden. An die hier gezeigte Stufe grenzt ein Stück Ziegelverbund, über die der Rasenmäher mühelos hinwegrollen kann, so dass die Kante nicht von Hand geschnitten werden muss. Zudem verhindert der Streifen, dass das Gras vor der Stufe ausgetreten wird.

Trittsteine

Trittsteine schonen den Rasen auf einfache Weise. Verlegen Sie Ziegelverbund, Bodenplatten im Sandbett oder Bruchsteinplatten, wenn es natürlicher aussehen soll. An schattigen Stellen kann man auch Holzscheiben im Rasen verlegen, sie werden aber bei Nässe rutschig und verrotten relativ schnell.

NÜTZLICH UND DEKORATIV
Trittsteine schonen den Rasen in einem häufig begangenen Bereich. Die lose Folge sieht weniger streng aus als ein befestigter Weg. Hier wird der Blick in den hinteren Gartenbereich gelenkt.

TRITTSTEINE VERLEGEN

Legen Sie die Steine für ein paar Tage an die vorgesehenen Stellen und prüfen Sie, ob der Weg Ihren Bedürfnissen entspricht. Dann schneiden Sie den Rasen rings um die Platte ein und heben die Sode ab. Füllen Sie Sand in die Vertiefung und glätten Sie ihn; lassen Sie die Platte mit Hilfe eines quer über das Loch gelegten Besenstiels hineingleiten, damit Sie sich nicht die Finger einklemmen.

Harte und weiche Einfassungen

Ein sauberer Rand mit oder ohne Mähstreifen ist nach dem Rasenmähen leichter zu beschneiden. Meist sieht man gerade abgestochene Rasenkanten, doch kann man sich mit einer Reihe Ziegel bzw. Platten die Sache noch einfacher machen. Solche »harten« Einfassungen verhindern außerdem, dass die angrenzende Bepflanzung über den Rasen hinwegwuchert und im Sommer kahle Stellen verursacht. Mähstreifen können schmal und funktional sein oder als breiterer Weg ein Gestaltungselement bilden. Größere, eintönige Platten können mit Kübeln aufgelockert werden. Rasenkanten, die jedes Frühjahr mit dem Kanteneisen abgestochen werden, schrumpfen mit der Zeit und verlieren ihre Form, vor allem bei Rundungen.

HARTE EINFASSUNG *Eine Verbindung von schmalen Steinplatten und Terrakottaziegeln ist eine praktische, gefällige Lösung.*

WEICHE EINFASSUNG *Ohne Kantenstreifen muss die Randbepflanzung abgestützt werden, damit sie nicht über den Rasen ragt.*

Mähstreifen und -kanten

Ein »Mähstreifen« rings um eine Rasenfläche vereinfacht Mähen und Kantenschnitt und sieht gepflegt aus. Eine Ziegelreihe auf Bodenhöhe oder knapp darunter macht das Kantenstechen überflüssig, da der Mäher mühelos darüber rollen kann.

Ein unsichtbar versenkter Haltestreifen, meist aus gewelltem Plastik oder (weniger haltbarem) Holz, ist eine gute Alternative für Beete mitten im Rasen oder an Stellen, wo das Mähen durch angrenzenden Kies oder Mulch erschwert wird.

◄ MÄHSTREIFEN *Eine Einfassung aus Ziegeln im Mörtel- oder Sandbett zwischen Beet und Rasenkante verhindert, dass der Rasen im Schatten der Sträucher liegt, und erleichtert Mähen und Kantenschnitt.*

◄ ERHÖHTE KANTE *Der gegenüber dem angrenzenden Kiesweg leicht erhöhte Rasen wird zusätzlich durch eine Holzkante gestützt, damit der Kies nicht ins Gras gelangt und das Messer des Rasenmähers beschädigt.*

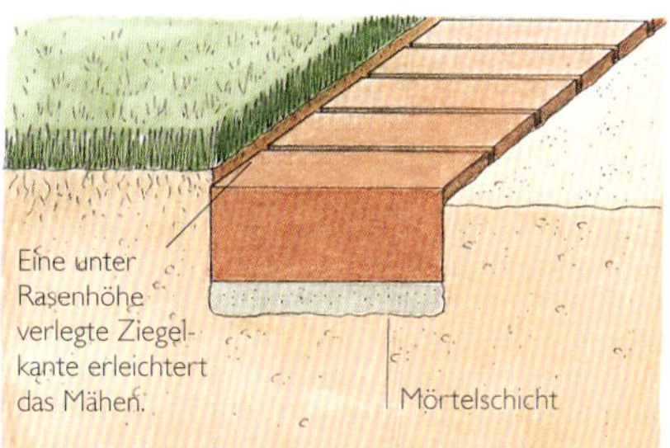

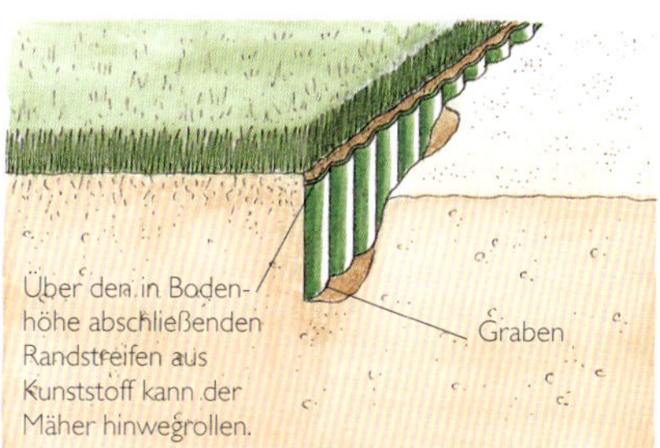

Bäume im Rasen

Für Bäume ist meist zu wenig Platz. Ihr Schatten ist zu dicht für viele Beetpflanzen, doch kann man sie gut in eine Rasenfläche integrieren. Am besten eignen sich tief wurzelnde Laubbäume. Meiden Sie dichte, ausladende, immergrüne Bäume, die einen zu tiefen Schatten werfen. Um Konkurrenz um Wasser und Nährstoffe zu vermeiden, legen Sie in den ersten Jahren eine Baumscheibe an.

Geeignete Bäume

Steht ein Baum frei in der Rasenfläche, so kann er ohne Einengung durch benachbarte Pflanzen seine natürliche Form frei entfalten. Außer bei sehr großen Gärten sollte man sich für einen kleinen, interessant geformten Baum entscheiden, beispielsweise einen schmalen Kegel oder eine Trauerform.

MARKANTE KONTUREN
Ein Solitärgehölz wirkt am attraktivsten, wenn es vor einen neutralen, grünen Hintergrund gepflanzt wird. Schlichtheit ist sehr wirkungsvoll, und ein einzelner Baum mit interessantem Astwerk wie diese blühende Kirsche ist am schönsten. Manchmal müssen die unteren Äste zurückgeschnitten werden, damit etwas weniger Schatten auf das Gras fällt, im Sommer leichter gemäht werden kann und im Frühling Zwiebelgewächse unter dem Baum zur Geltung kommen.

Einen Baum in den Rasen pflanzen

1 **Graben Sie ein Loch,** und setzen Sie zur Windseite hin einen Pflock ein.

2 **Legen Sie den Baum** auf die Seite, und entfernen Sie den Container. Wurzeln vorsichtig lösen, Unkraut entfernen.

3 **Die Wurzeln des Baums** neben dem Pflock ausbreiten. Verwenden Sie als Maß für die Pflanztiefe einen Stab.

4 **Gleichen Sie die Pflanztiefe** durch Mutterboden aus. Schütten Sie Erde und organische Substanzen an, und treten Sie sie rings um den Baum fest, harken und wässern Sie.

5 **Verteilen Sie** eine dicke Schicht Mulch, um den Boden feucht und Unkraut fern zu halten. Der Mulch sollte den Stamm nicht berühren.

BÄUME FÜR RASEN

Acer davidii
Arbutus × *andrachnoides* 🏆
Calocedrus decurrens 🏆
Cornus florida
Corylus colurna 🏆
Fraximus excelsior 'Pendula' 🏆
Magnolia × *soulangeana*
Malus tschonoskii 🏆
Parrotia persica 🏆
Prunus 'Spire' 🏆
Prunus × *subhirtella* 'Autumnalis' 🏆
Pyrus salicifolia 'Pendula' 🏆
Quercus robur f. fastigiata
Salix caprea 'Kilmarnock' 🏆
Sophora japonica 🏆
Sorbus × *thuringiaca* 'Fastigiata'

ZWIEBELN UNTER BÄUME SETZEN

Viele kleine Zwiebelgewächse fühlen sich unter Laubbäumen wohl, vor allem Waldpflanzen wie Herbstzeitlose (Colchicum) und Alpenveilchen. Rings um den Stamm angehäufelter Blatthumus tut ihnen gut. In den ersten Jahren kann man problemlos Zwiebeln in die Baumscheibe pflanzen. Noch natürlicher wirkt es, wenn Sie einige davon ringsum in den Rasen setzen *(S. 77)*.

HERBSTZEITLOSE IN BLÜTE RINGS UM EINEN BAUM

1 **Graben Sie ein tiefes Loch** für jede Zwiebel (oder wie hier für eine Cyclamenknolle). Breiten Sie die Wurzeln aus.

2 **Legen Sie die Zwiebel** so in die Vertiefung, dass die Spitze gerade sichtbar ist, und füllen Sie sie mit Erde auf.

3 **Erde vorsichtig** andrücken, wobei der Vegetationspunkt frei bleibt. Mit Mulch oder Blatthumus abdecken.

ZWIEBELPFLANZEN IM RASEN

WÄHREND MANCHE ZWIEBELN, beispielsweise Tulpen, am besten in einem Beet aussehen, wirken Osterglocken besonders schön im Gras, wobei kleinblütige Sorten natürlicher wirken als großblütige. Pflanzen Sie nur ein oder zwei Sorten, denn sonst blühen sie nacheinander, anstatt ein Blütenmeer zu bilden. Denken Sie bei der Wahl des Standorts daran, dass Osterglocken sich zum Licht wenden. Nach der Blüte dürfen die welkenden Blätter nicht zu früh geschnitten werden *(unten)*, gegebenenfalls kann man sie hochbinden.

FRÜHLINGSZAUBER
Sehr natürlich wirken verstreute Zwiebeln (kleine Abb.). *Man pflanzt sie ein, wo sie hinfallen, mindestens eine Zwiebelbreite Abstand.*

GROSSE ZWIEBELN IN RASEN SETZEN

1 **Reinigen Sie die Zwiebeln.** Mit dem Zwiebelsetzer wird ein ca. 12–15 cm tiefes Loch in den Rasen gestochen.

2 **Geben Sie** etwas Knochenmehl und Erde in das Loch. Legen Sie die Zwiebel mit der Spitze nach oben hinein.

3 **Zerkrümeln Sie** die Unterseite des Erdaushubs, und bedecken Sie die Zwiebel damit. Den Rest darauf legen.

4 **Drücken Sie** das Rasenstück sanft fest, damit die Zwiebel nicht beschädigt wird. Füllen Sie Lücken mit Erde.

ZWIEBELLAUB ZURÜCKSCHNEIDEN

Die Blätter sollten erst sechs Wochen nach der Blüte zurückgeschnitten werden. Dann kann man den Rasen mähen. Die Stellen sind im Sommer nicht mehr zu erkennen. Ist das Gras so lang geworden, dass es mit dem Mäher nicht zu bewältigen ist, schneidet man kleinere Flächen mit einer Heckenschere *(rechts)* oder einem Trimmer vor.

Kleine Zwiebeln in Rasen setzen

Möchte man viele Zwiebeln pflanzen, hebt man die Sode an und setzt sie darunter ein. Das schädigt den Rasen weniger, als wenn man viele Löcher gräbt und kleine Stücke aussticht, die leichter austrocknen. Für kleine Zwiebeln kann man auch Vertiefungen herstellen, indem man eine Grabgabel in den Boden sticht und hin und her bewegt. Am schönsten sehen unter angehobene Soden gesetzte, größere Gruppen aus.

1 **Stechen Sie** mit einem Halbmond-Kantenschneider (oder Spaten) ein »H« in den Rasen, gehen Sie dabei so tief wie möglich, damit der Boden durchstochen wird.

2 **Unterschneiden Sie die Sode,** klappen Sie die beiden Teile auf, und legen Sie den Mutterboden darunter frei. Behandeln Sie die Soden vorsichtig, damit sie nicht unnötig reißen.

3 **Lockern Sie mit einer Handgabel** den verdichteten Boden unter dem Rasen mindestens 7 cm tief auf, arbeiten Sie dabei etwas Knochenmehl ein (ca. 15 g/m^2).

4 **Drücken Sie die Zwiebeln** (hier Krokusse) sanft in die Erde, ohne die Vegetationspunkte zu beschädigen. Verteilen Sie sie wie zufällig im Abstand von mindestens 2,5 cm.

5 **Ritzen Sie die Unterseite** der Soden mit der Gabel ein, damit die Zwiebeln die Grasnarbe leicht durchdringen können. Legen Sie die Soden zurück, und treten Sie sie an.

Zwiebeln für Rasen

Allium (kleine Sorten wie *A. moly* 🏆)
Anemone appennina 🏆, *A. blanda* 🏆
Camassia leichtlinii 🏆
Chionodoxa forbesii
Colchicum autumnale, C. speciosum 🏆
Crocus biflorus, C. chrysanthus, Holland-hybriden, *C. flavus, C. nudiflorus*
Galanthus caucasicus 🏆, *G. nivalis* 🏆
Leucojum aestivum, L. vernum 🏆
Narzissen-Minihybriden, *N. cyclamineus* 🏆
Tulipa sprengeri 🏆

Rasenpflege

Wie bei jeder anderen Pflanze hängt auch das Gedeihen von Gras von der Pflege ab. Abgestorbenes Gras setzt sich als Rasenfilz ab und muss regelmäßig entfernt werden *(S. 30)*, damit es neu sprießende Gräser nicht erstickt. Regelmäßiges Mähen *(S. 32)* ist nötig, um einen Rasen in Ordnung zu halten, doch mit jedem Abharken des Schnittguts gehen Nährstoffe verloren. Soll das Gras einen dichten, unkrautfreien Rasen bilden, muss es gedüngt werden.

Vorteile des Düngens

Gras gedeiht nur mit genügend Nährstoffen gut. Ungedüngter Rasen ist anfälliger für Krankheiten, wird fleckig und enthält Moos und Unkräuter, die mit magerem Boden besser zurechtkommen. Düngen bedeutet nicht immer, dass das Gras schneller wächst und häufiger gemäht werden muss, sondern dass der Rasen immer dichter wird. Bei Bedarf kann man mit einem Kurzzeitdünger den Rasen auch optisch ein wenig aufbessern.

WAS IST RASENDÜNGER?

Rasendünger unterscheidet sich von Allzweckdüngern, denn er ist speziell darauf abgestimmt, dem Gras alle wichtigen Nährstoffe zu liefern, die es für ein gutes Wurzel- und Halmwachstum benötigt. Die meisten Rasendünger werden als Granulat angeboten *(rechte Seite)*, oft fertig gemischt mit Unkraut- und Moosvernichtungsmitteln.

SOMMERDÜNGUNG
Im Sommer kann ein löslicher Dünger mit dem Gießwasser auf dem feuchten Rasen verteilt werden. Diese Dünger sind stickstoffreich und lassen das Gras rasch wieder grün werden. Ihre Wirkung hält jedoch nur kurz vor, so dass man sie öfter anwenden muss. Da sie in Wasser gelöst werden, versengen sie den Rasen nicht.

ZWIEBELN IM RASEN
Auf großen Flächen, die keinen ausgesprochenen Zierrasen aufweisen, ist ein regelmäßiges Düngen nicht gerade preiswert, jedoch dann nötig, wenn Zwiebeln kräftig wachsen und reich blühen sollen. Düngen Sie im Vorfrühling, bevor die Zwiebeln treiben, damit sie den Dünger ausnutzen können, bevor das Gras zu wachsen beginnt.

WANN WIRD GEWÄSSERT?

In trockenen Sommern kann man den Rasen nicht ständig wässern. Beim nächsten kräftigen Regen erholt er sich jedoch, ganz gleich, wie verdorrt er wirkt. Frisch eingesäte und sehr feine Rasen müssen allerdings gewässert werden. Gießen Sie ein Mal wöchentlich abends, damit die Feuchtigkeit langsamer verdunstet. Der Rasen benötigt mindestens 1 cm »Niederschlag«; man misst ihn, indem man ein Glas auf den Rasen stellt.

WASSERMENGE REICHT NICHT TIEF GENUG

WASSERMENGE DRINGT TIEF GENUG EIN

DÜNGER AUSBRINGEN

Je nach Jahreszeit benötigt der Rasen unterschiedlichen Dünger. Im Frühling braucht der während des Winters ausgelaugte Boden etwas mehr Stickstoff, damit der Rasen wieder schön grün wird. Im Spätsommer wird ein eher kaliumhaltiger Dünger gegeben, der das Gras für den Winter abhärtet. Rasendünger werden als Granulat oder Pulver ausgebracht und liefern dem Gras mehrere Wochen lang alle nötigen Nährstoffe. Man düngt während der Wachstumsphase, wenn der Boden feucht ist und Regen bevorsteht, damit der Dünger eingeschwemmt wird. Er muss gleichmäßig ausgebracht werden, entweder von Hand *(unten)* oder bei größeren Flächen mit einem Streuwagen *(rechts)*. An Stellen, wo der Dünger versehentlich doppelt ausgestreut wird, versengt er den Rasen. Viele Produkte sind hell gefärbt, damit man die Verteilung besser sieht. Streuen Sie immer die Hälfte des Düngers in einer Richtung und die andere im rechten Winkel dazu aus, damit der Boden gleichmäßig bedeckt wird. Verschließen Sie den Streuwagen bei jedem Wenden.

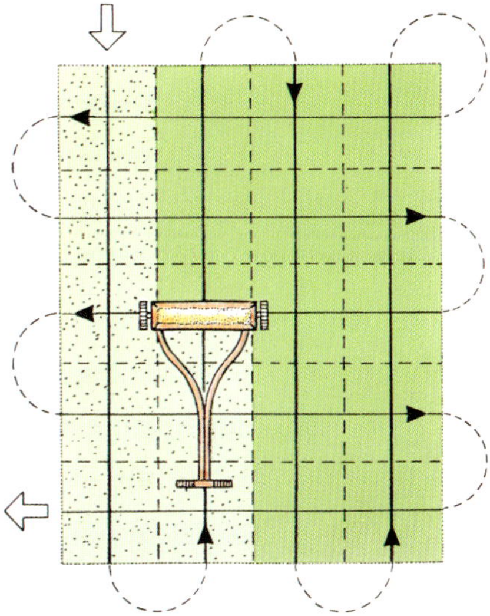

DÜNGEN MIT DEM STREUWAGEN
Den Dünger gleichmäßig verteilen, damit der Rasen nicht versengt wird (links).

◀ VON HAND DÜNGEN
Für kleine Flächen misst man den Dünger portionsweise ab, unterteilt den Rasen in Abschnitte und verteilt den Dünger von Hand: eine Hälfte in der einen Richtung, die andere rechtwinklig dazu, damit er sich gleichmäßig verteilt.

STREUWAGEN FÜR DÜNGER

Rasenpflege im Herbst

Um gesund und kräftig zu bleiben, benötigt ein Rasen über das Düngen hinaus regelmäßige Pflege. Die größten Hindernisse für das Graswachstum sind Rasenfilz und die Bodenverdichtung durch ständige Beanspruchung. Beides lässt sich durch Vertikutieren und Lüften im Frühherbst beheben. Es ist nicht in jedem Fall erforderlich, die gesamte Fläche zu lüften. Wichtig sind vor allem die Stellen, die als Wege genutzt werden.

Vertikutieren

Der Rasen wird mit einem Rechen oder einer Messeregge kräftig geharkt, um Filz und Moos herauszureißen und Ausläufer von Rhizome bildenden Gräsern aufzubrechen. So gelangt Luft an die Grashalme, die dann an den kahlen Stellen nachwachsen. Man vertikutiert zwei Mal im Jahr, zuvor wird ein Moosvernichter angewandt.

MESSEREGGE
Die meist flachen, scharfen Zinken schneiden tief in den Filz und in die Grasnarbe hinein.

VERTIKUTIEREN MIT EINEM RECHEN
Ziehen Sie einen Fächerrechen kräftig über den Rasen, und reißen Sie abgestorbenes Moos und Filz heraus. Drücken Sie dabei die Zinken fest auf, damit sie in den Boden eindringen.

Laub harken

Buntes Herbstlaub sieht zwar auf Rasenflächen oft reizvoll aus, behindert aber das Graswachstum. Eine dicke Laubschicht ist luftundurchlässig und begünstigt Krankheiten. Die Blätter locken überdies Würmer an, die zwar an anderen Stellen im Garten sehr nützlich sind, im Rasen jedoch unzählige kleine Erdhäufchen aufwerfen *(S. 38)*, die beim Mähen oder Betreten abgeflacht werden und das Gras ersticken. Blätter werden aufgeharkt und zum Kompost gegeben oder zu Laubhumus verarbeitet.

LAUB AUFKEHREN
Ein Laubkehrer (unten) erspart die Mühe, Laub aufzuharken (links). Rotierende Bürsten sammeln die Blätter auf und schleudern sie in den Auffangkorb.

LAUBHUMUS
Für diesen Bodenverbesserer und Mulch legt man einen Komposthaufen mit Laub an.

Den Rasen lüften

Beim Lüften wird die Verdichtung des Bodens gemildert. Die einfachste Methode besteht darin, eine Grabgabel im Abstand von je 15 cm in den Boden zu stechen. Schneller geht es mit einem mechanischen Lüfter. Auf schweren Böden verwendet man am besten einen Hohllöffel, der kleine Bodenstücke ausstanzt und so die Durchlässigkeit erhöht. Die Aushubstücke sollte man aufsammeln und kompostieren. Anschließend wird eine vorbereitete Mischung zum Absanden in den Rasen eingearbeitet.

MIT DEM HOHLLÖFFEL
Bearbeiten Sie die Fläche systematisch mit speziellem Werkzeug. Die 0,5–2 cm breiten Aushubstücke werden anschließend aufgesammelt.

MIT DER GRABGABEL
Kleine Flächen kann man mit der Grabgabel lüften, die senkrecht eingestochen und dann hin- und herbewegt wird, so dass Luft in den Boden gelangt.

MIT MESSERKLINGEN
Hierzu wird eine Maschine benötigt, die man ausleihen kann. Doch auch ein Kauf lohnt sich, wenn man einen großen Rasen zu pflegen hat.

Nach dem Lüften absanden

Beim Absanden werden die beim Lüften entstandenen Löcher wieder gefüllt, damit die Luftwege offen bleiben und das Gras gedüngt und zum Wachsen angeregt wird. Man kann damit aber auch kleinere Senken im Rasen ausgleichen. Die Mischung besteht aus Sand, Torfersatz und Lehm, der gesiebt werden muss, damit keine Steine auf dem Rasen zurückbleiben und den Mäher beschädigen. Die beste Zeit für das Absanden ist der Frühherbst. Ist der Rasen gut in Form, ist es nicht unbedingt jedes Jahr nötig.

MISCHUNG ZUM ABSANDEN
Die aus mittelfeinem Sand, sauberem Mutterboden und Torf, Torfersatz oder Laubhumus hergestellte Mischung wird zur Entfernung von Steinen durch ein Sieb (5 mm) gestrichen.

AUFTRAGEN
Für große Flächen leihen Sie am besten einen Streuwagen aus. Wiegen Sie die richtige Menge der Mischung für die Rasenfläche aus (3 kg/m²), und tragen Sie sie an einem trockenen Tag auf.

KLEINE FLÄCHEN
Die Absandmischung kann hier von Hand aufgetragen werden. Verteilen Sie den Sand gleichmäßig mit Schaufel oder Spaten, und arbeiten Sie ihn dann mit einem festen Besen ein.

RASENMÄHEN

DAS MÄHEN IST DER ENTSCHEIDENDE FAKTOR, um einen Rasen in Form zu halten. Idealerweise wird häufig gemäht, aber nur wenig Gras abgeschnitten. Dadurch wächst der Rasen dichter, und zugleich wird Unkraut fern gehalten. Unregelmäßiges Mähen oder ein zu kurzer Schnitt begünstigen Unkraut und Moos und schwächen die Grasnarbe. Verwenden Sie stets einen Auffangkorb, denn wenn sich Schnittgut ansammelt und verfilzt, kann das Gras nicht atmen.

WELCHER RASENMÄHER?

Für kleine Flächen eignet sich ein Elektromäher, für große Rasen, auf denen das Kabel hinderlich wäre, ein Motormäher. Mit Spindelmähern lassen sich Streifen erzielen, doch muss die Spindel richtig eingestellt sein, da sie sonst das Gras abreißt. Sichelmäher sind einfach im Gebrauch, ergeben jedoch nur Streifen, wenn sie mit einer Walze ausgestattet sind. Bis auf sehr feine Zierrasen sind Sichelmäher für alle Rasentypen geeignet. Luftkissenmäher erweisen sich als nützlich bei Böschungen.

SCHNEIDMECHANIK
Sichelmäher schlagen die Halme mit hoher Geschwindigkeit durch. Sind die Messer stumpf, werden die Schnittflächen der Gräser jedoch braun. Ein Spindelmäher schneidet Gras wie eine Reihe scharfer Scheren und ist schonender für die Halme. Hat die Spindel allerdings die falsche Höhe, schneidet sie nicht gut.

SICHELMESSER

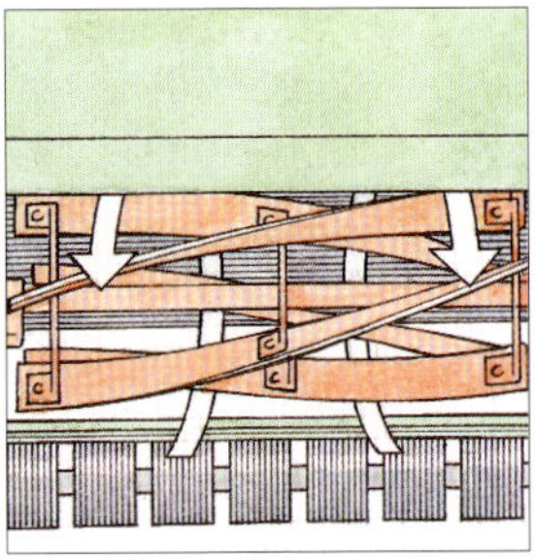
SPINDELMESSER

STREIFEN MÄHEN

Das »Muster« sollte häufig gewechselt werden, damit keine Rillen entstehen, vor allem bei Spindelmähern mit Walze oder Aufsitzmähern. Mähen Sie zunächst ringsum einen Streifen zum Wenden. Durch Richtungswechsel (im rechten Winkel oder diagonal) kann man sogar das Wachstum des Rasens anregen.

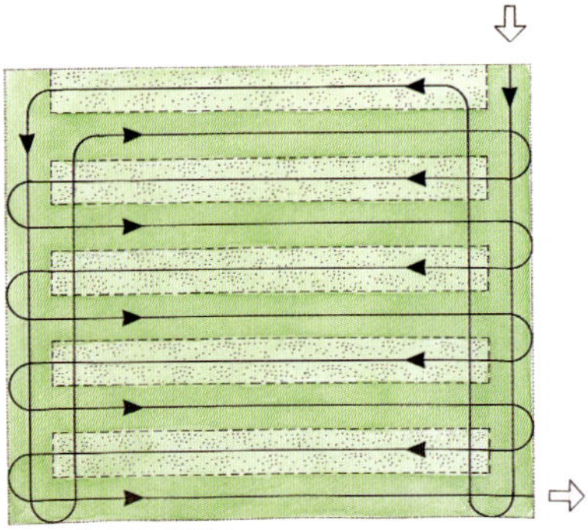
REGELMÄSSIGE FORM

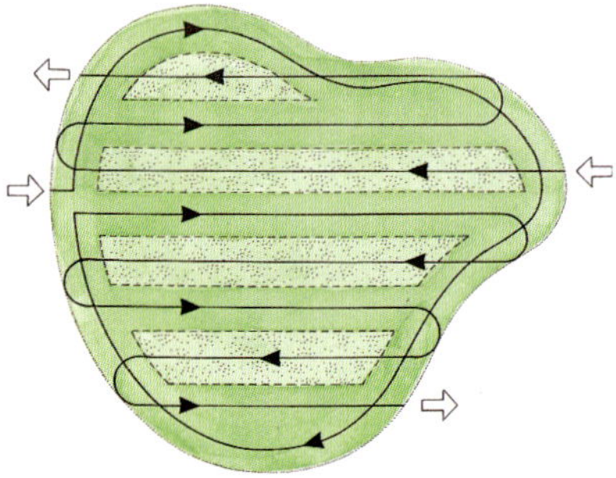
UNREGELMÄSSIGE FORM

WANN WIRD GEMÄHT?

Mit dem Mähen beginnt man üblicherweise im zeitigen Frühling, allerdings auf höchster Einstellung. Der letzte Schnitt erfolgt meist im Spätherbst, wiederum sehr hoch. Im Frühsommer muss der Rasen manchmal zwei Mal wöchentlich geschnitten werden, den übrigen Sommer hindurch jedoch nur ein Mal.

◀ ZWIEBELN IM GRAS
Stehen Frühlingsblüher im Rasen, wird im Spätherbst letztmals gemäht, im Frühling dann erst wieder sechs Wochen nach der Blüte.

ZU KURZ GESCHNITTENER RASEN
Wird der Rasen zu scharf geschnitten, regelrecht »skalpiert«, entstehen kahle Stellen, an denen das Gras sehr dürreempfindlich ist.

WIE OFT WIRD GEMÄHT?

ZIERRASEN		
Frühling und Herbst	ein bis zwei Mal wöchentlich	auf bis zu 1 cm Höhe
Sommer	bis zu drei Mal wöchentlich	auf mindestens 8 mm im Frühsommer
GEBRAUCHSRASEN		
Frühling und Herbst	ein Mal wöchentlich	auf bis zu 2,5 cm Höhe
Sommer	ein Mal wöchentlich	auf mindestens 1,5 cm bei stark wüchsigem Rasen

VERWENDUNG DES RASENSCHNITTS

Auf Grund seiner Feuchte und seines Stickstoffgehalts ist Rasenschnitt wertvoll für den Komposthaufen, verwandelt sich allerdings in eine übel riechende Masse, wenn er allein kompostiert wird. Mischen Sie Rasenschnitt mit gröberem Pflanzenmaterial, um die Zersetzung zu beschleunigen. Grasschnitt ergibt einen guten Mulch für Gemüse und weiche Früchte, allerdings können dabei Unkräuter in die Beete gelangen. Nach einer Behandlung mit Herbiziden darf das Schnittgut der ersten beiden Schnitte nicht kompostiert oder als Mulch verwendet werden.

RASENSCHNITT ALS KOMPOST
Rasenschnitt beschleunigt die Zersetzung von Herbstlaub. Beides muss gut vermengt werden oder kann als »Komposthaufendeckel« dienen.

RASENKANTEN

RASENKANTEN SOLLTE MAN nicht vernachlässigen, da sonst die ganze Rasenfläche ungepflegt wirkt. Regelmäßiges Schneiden verhindert zu häufiges Abstechen, das nur im Frühling erforderlich sein sollte. Die angrenzende Bepflanzung darf nicht in den Rasen hineinragen, da sonst das Gras leidet oder sogar abstirbt.

SAUBER UND PERFEKT
Die Wirkung dieses Rasens wird unterstrichen durch die sauber geschnittene Kante, die zu dem formalen Beet mit den Geranien gut passt. Ein solch einheitliches Bild ist das Ergebnis harter Arbeit, zumal man einen Zierrasen im Frühsommer mindestens zwei Mal pro Woche mähen muss. Die Kantenpflege ist unerlässlich.

RASENKANTEN ABSTECHEN

Im Frühling wird mit dem Halbmond-Kantenstecher ein schmaler Randstreifen abgestochen. Man benutzt hierfür eine gerade Kante, beispielsweise ein Brett. Schneller geht es mit einem Spezialgerät, das man leihen kann. Im übrigen Jahr wird nur das überhängende Gras mit der Kantenschere geschnitten. Harken Sie das Schnittgut auf, da es sonst im Boden neben der Kante Wurzeln schlägt und sich ausbreitet.

TIPPS ZUR KANTENPFLEGE

- Stechen Sie ein Mal pro Jahr die Kante ab, um die Konturen des Rasens klar zu begrenzen.
- Verwenden Sie zum Abstechen keinen Spaten, da die Kante so nicht gerade wird.
- Schneiden Sie im übrigen Jahr das Gras mit der Kantenschere ab.
- Schneiden Sie das Gras zur Kante hin gerade ab.

KANTENSCHNEIDEN
Schneiden Sie nach dem Mähen das Gras am Rand mit der langen Kantenschere oder einem Trimmer (mit Nylonfaden) zurück.

KANTENSTECHEN VON HAND
Zum Nachstechen verwendet man einen Halbmond-Kantenstecher. Damit die Kante gerade wird, schneidet man an einem Brett entlang.

MOTOR-KANTENSCHNEIDER
Für große Flächen oder eine Grundbehandlung sollte man einen Motor-Kantenschneider leihen. Stellen Sie das Messer auf die neue Randlinie ein.

REPARIEREN EINER BESCHÄDIGTEN KANTE

Ist der Rasen an einer begrenzten Stelle beschädigt, kann man ihn wieder in Stand setzen. Dazu schneidet man Sodenstücke aus und schiebt sie vor, bis eine neue Kante abgestochen werden kann. Um die Lücke zu füllen, kann man ein Stück Sode aus einem anderen Teil des Gartens verwenden oder ein Stück Rollrasen besorgen. Notfalls die Lücke mit Erde auffüllen und neu einsäen. Der Rasen wird angedrückt, die Ansatzstellen werden abgesandet. Gründlich wässern, bis das neue Rasenstück nachwächst.

1 **Unterstechen Sie die Sode** mit einem Spaten. Schieben Sie sie vor, bis die schadhafte Stelle vor der Kante liegt.

2 **Richten Sie ein Brett** am bestehenden Rasen aus, und stechen Sie die neue Kante bündig ab.

3 **Schneiden Sie** ein neues Stück Rasensoden zu, und legen Sie es in die Vertiefung. Es muss exakt hineinpassen.

4 **Falls nötig,** geben Sie Erde zu oder entfernen Sie sie, so dass das neue Stück genauso hoch liegt wie der Rasen.

5 **Drücken Sie das neue Stück** mit einer Harke an, oder gehen Sie mit einer mittelschweren Walze darüber.

6 **Streuen Sie** etwas Sandmischung über die reparierte Stelle, vor allem in die Ansatzstellen, und wässern Sie sie gut.

ALTERNATIVE METHODE

Man kann auch rings um die beschädigte Kante ein Viereck ausschneiden und umdrehen, so dass die schadhafte Stelle mitten im Rasen liegt. Die Stelle wird mit gesiebter Erde oder sandigem Lehm gefüllt und neu eingesät. Der Rasen wird nun festgetreten und gut gewässert, damit das Gras bald nachwächst.

1 **Schneiden Sie ein Stück** mit der schadhaften Stelle aus. Drehen Sie es um 180 Grad, und drücken Sie es fest an.

2 **Geben Sie sandigen Lehm** in die Vertiefung, säen Sie neu ein, und wässern Sie gründlich.

Rasenprobleme

Mit der Zeit kommt es bei jedem Rasen zu Problemen, sei es durch das Bodenprofil, das Mähen oder Abnutzung. Abhilfe schafft meist eine Behandlung der beschädigten Grasnarbe oder das Einsetzen neuer Soden. Beides erfolgt am besten im Herbst, wenn das Gras noch wächst, jedoch ausreichend Regen zu erwarten ist. Das Gras sollte sich bis zum folgenden Frühjahr so weit erholt haben, dass es gemäht und normal belastet werden kann.

Unebenheiten ausgleichen

Hubbel oder Mulden in einer Rasenfläche haben zur Folge, dass das Gras zu kurz oder zu lang geschnitten wird. Um kleine Unebenheiten auszugleichen, schneidet man den Rasen kreuzförmig ein, unterschneidet die Rasendecke und schlägt sie zurück. Dann wird der Boden geharkt und angeglichen; beachten Sie, dass der Rasen sich noch setzt. Die Ansatzstellen sandet man mit feiner Erde ab, drückt sie fest an und wässert gut.

1 **Schneiden Sie** mit dem Halbmond-Kantenstecher die unebene Stelle großzügig kreuzförmig ein, und unterschneiden Sie die Rasendecke.

2 **Schlagen Sie den Rasen** vorsichtig zurück, da jede gewaltsame Bewegung die Soden zerbrechen lässt.

3 **Füllen Sie eine Mulde** mit gut gesiebtem, sandigem Mutterboden, und tragen Sie dann einen Hubbel ab, bis die gesamte Fläche eben ist.

4 **Legen Sie die Soden** zurück, und prüfen Sie, ob die Fläche eben ist (eventuell nochmals angleichen). Dann drücken Sie die Soden an, sanden sie ab *(S. 31)* und wässern sie.

Reparieren einer schadhaften Stelle

Beschädigte Stellen können durch neue Soden ersetzt oder neu eingesät werden. Wenn Sie frische, anders aussehende Soden kaufen, nehmen Sie Stücke von einer unauffälligen Stelle des Gartens auf und verlegen dort den neuen Rollrasen. Vor der Aussaat den Boden mit der Gabel lockern, einsäen, wässern und bis zum Keimen mit Folie abdecken.

1 **Schneiden Sie mit Halbmondstecher** und Brett die schadhafte Stelle aus, unterschneiden Sie die Rasendecke mit dem Spaten, und heben Sie sie komplett heraus.

2 **Lockern Sie die freigelegte Erde** mit der Gabel, damit der neue Rasen gut wurzeln kann. Tragen Sie flüssigen oder körnigen Dünger auf.

3 **Treten Sie die Erde** vorsichtig an, und drücken Sie sie gleichmäßig fest. Legen Sie das neue Stück Rasen in die Lücke, und passen Sie es mit dem Halbmondstecher ein.

4 **Überprüfen Sie,** ob der neue Rasen plan liegt. Notfalls müssen Sie den Boden darunter anpassen. Drücken Sie dann die Sode fest an, und wässern Sie gut.

Rasen aufnehmen und neu verlegen

1 **Schneiden Sie den Rasen** in Streifen. Schlagen Sie 30 cm vom Rand zwei Stäbe ein. Legen Sie ein Brett an, und stechen Sie daran entlang ab.

2 **Unterschneiden Sie** die in 45 cm lange Stücke unterteilten Streifen ca. 2,5 cm tief. Stapeln Sie die Soden auf einem Weg oder einer Folie.

3 **Beschneiden Sie die Soden** auf die gleiche Stärke. Legen Sie dazu jedes Stück in eine passende Form, und tragen Sie den Überstand ab.

RASENSCHÄDLINGE UND -KRANKHEITEN

DIE MEISTEN RASENFLÄCHEN sind relativ frei von Schädlingen und Krankheiten. Gebrauchsrasen ist ziemlich unempfindlich; feinblättrige Gräser neigen zu Krankheiten, wenn ihr Wachstum zu schwach ist. Durch frühzeitiges Eingreifen lassen sich langfristige Schäden vermeiden. Probleme können auch durch die Lage, Algen oder Moos entstehen. Versuchen Sie stets, die Ursache zu bekämpfen – beispielsweise durch eine gute Drainage –, bevor Sie Chemikalien einsetzen.

RASENKRANKHEITEN

Pilzerkrankungen kommen auf wenig durchlässigen Böden häufiger vor, besonders bei kühlem, feuchtem Wetter. Eine gute Luftzirkulation rings um die Pflanzen schützt vor Pilzbefall. Heruntergefallene Blätter sollten vom Rasen entfernt werden, da eine dicke Laubschicht ihn schädigen kann. Wird dem Rasen im Herbst zu viel Stickstoff zugeführt, kann dies bei feuchter Kälte einen Pilzbefall begünstigen.

▲ DÜRRESCHADEN
Solche Stellen sind nicht immer unwiderruflich beschädigt. Nach dem nächsten Regen werden sie meist wieder grün.

VORSORGE-TIPPS

- Verwenden Sie im Herbst keinen Allzweckdünger, sondern Spezialmischungen.
- Mähen Sie regelmäßig.
- Harken Sie Laub rasch auf.
- Behandeln Sie befallene Stellen, sobald das Problem erkannt ist.

▶ ANZEICHEN FÜR WÜRMER
Vor allem im Herbst hinterlassen Würmer Erdhäufchen an der Rasenoberfläche. Harken Sie die Erde glatt.

CHEMISCHE MITTEL

Während Schädlinge nicht ohne Weiteres mit chemischen Mitteln bekämpft werden können, gibt es gegen viele Rasenkrankheiten nützliche Substanzen. Sofern das Problem nicht wiederholt auftritt, müssen Sie keine vorbeugenden Mittel verwenden. Nach der Behandlung darf der Rasen nicht sofort gemäht und Haustiere müssen eine bestimmte Zeit vom Rasen fern gehalten werden (siehe Gebrauchsanweisung).

SICHERHEITSASPEKTE

- **Lesen Sie** die Anweisungen, und wenden Sie das Mittel in der angegebenen Dosierung an.
- **Lagern Sie** konzentrierte Mittel unerreichbar für Kinder. Verdünnungen nicht aufheben.
- **Versprühen Sie** das Mittel an einem kühlen, trockenen Tag, wenn der Boden feucht ist.
- **Tragen Sie** dabei Schutzkleidung, vor allem beim Anmischen von Konzentraten.

Gängige Probleme

Hunde und Katzen
Bei Trockenheit kann Urin den Rasen versengen. Die Stellen gut wässern, Fernhaltemittel ausbringen. Stark beschädigte Stellen nachsäen.

Schneeschimmel
Er befällt im Herbst meist nur kleine Stellen, kann sich aber ausbreiten. Vertikutieren; im Herbst keinen stickstoffreichen Dünger ausbringen.

Maulwurfshügel
Falls die Hügel Sie stören, verwenden Sie Abschreckmittel oder fangen Sie den Maulwurf mit einer Falle und bringen ihn auf eine Wiese.

Schnakenlarven
Sie fressen die Wurzeln an und erzeugen braune Stellen. Rasen nachts mit Folie abdecken, damit sie an die Oberfläche kommen und tagsüber von den Vögeln gefressen werden.

Engerlinge
Die gelbweißen Larven fressen im Sommer die Wurzeln an. Da sie jedoch meist nicht so gehäuft auftreten wie Schnakenlarven, muss man selten etwas dagegen tun.

Algen
Grüne oder schwarze schleimige Flecken sind Anzeichen für undurchlässigen Boden. Rasensand *(S. 40)* tötet Algen ab, sie kehren aber wieder, wenn die Halme weiterhin feucht sind.

Flechten
Die flachen, blattähnlichen Gewächse zeigen mageren Boden an, können aber auch an Schattenstellen auftreten. Abhilfe schaffen Düngemittel oder Rasensand.

Talerflecken
Diese Pilzkrankheit verursacht strohgelbe Flecken von bis zu 5 cm Durchmesser, meist auf feinem Zierrasen. Man vermeidet sie durch regelmäßiges Vertikutieren.

Ständerpilze
Ernähren sich von organischen Stoffen. Man sollte sie vor der Sporenbildung beseitigen. Die sog. Hexenringe bekommt man auch mit Chemikalien nur schwer in den Griff.

Rotfaden-Krankheit
Der Pilz ist für magere, feinblättrige Rasen im Spätsommer ein Problem. Die ausgebleicht wirkenden Halme sind von roten Fäden überzogen. Kräftige Rasen erholen sich rasch.

Schleimpilze
Die Pilze zeigen an, dass der Rasen undurchlässig ist. Lüften Sie die oberste Schicht, oder drainieren Sie am besten die ganze Fläche, damit sich der Pilz nicht ausbreitet.

Ameisenhaufen
Sie sind meist nur auf sandigen, trockenen Böden ein Problem. Man kann geeignete Mittel in die Mitte des Hügels geben, den man zuvor mit dem Spaten öffnet.

Rasenunkräuter

Die meisten Unkräuter verschwinden durch regelmäßiges Mähen von selbst. Die Übrigen wie beispielsweise der Kleine Klee breiten sich unterhalb der Schneidhöhe aus. Zu den hartnäckigsten Unkräutern gehören Rosetten bildende Pflanzen wie Löwenzahn, die das Gras verdrängen. Sie sind schon vor der Aussaat im Boden oder in minderwertigem Rollrasen enthalten. Auf älteren Rasen werden die Samen von Beeten herübergeweht, von Würmern mit Erdhäufchen aus dem Boden gehoben oder beim Mähen ohne Auffangkorb verteilt.

Unkrautbekämpfung

Regelmäßiges Mähen beugt ebenso vor wie Düngen und Wässern. Grobe Grasnarben können gehackt und ausgeharkt werden. Manchmal ist der Einsatz von Chemikalien unumgänglich. Rasensand versengt breitblättrige Pflanzen, schwächt kleinblättrige Unkräuter und vernichtet Moos und Algen. Nach dem Ausstreuen sollte man grasende Haustiere eine Woche lang fern halten. Spezielle Herbizide richten sich in der richtigen Dosierung gegen breitblättrige Unkräuter, lassen jedoch Gräser unberührt.

SPEZIALWERKZEUGE
Vereinzelte, Rosetten bildende Unkräuter lassen sich mit einem Ausstecher entfernen. Das Loch mit gesiebter Erde auffüllen und nachsäen.

BEHELFSWERKZEUGE
Anstelle von Spezialwerkzeugen kann man auch ein Küchenmesser verwenden, um die Pfahlwurzel auszugraben (hier einen Löwenzahn).

HERBIZIDE

Flüssigkeiten werden mit Wasser verdünnt und mit der Gießtülle oder einem Gießbalken aufgetragen.

Pulver und Granulate auf feuchtem Boden ausstreuen, beispielsweise Moos- und Unkrautvernichter. Von Hand oder mit einem Streuwagen verteilen.

Spezielle Herbizide können einzelne Pflanzen im Rasen abtöten und sind vor allem für kleine Flächen sinnvoll.

Moosbildung

Auf mageren Böden und in schattigem, feuchtem Rasen tritt Moos häufig auf. Im Frühling Moosvernichter anwenden und das Moos ausharken (im Herbst wird das Moos beim anschließenden Vertikutieren womöglich erst recht verteilt). Bei magerem, saurem Boden streut man am besten Kalk.

HARTNÄCKIGES MOOS
Bei anhaltenden Problemen mit Moos ist vermutlich eine Drainage nötig. In tiefem Schatten pflanzt man besser Bodendecker.

UNKRÄUTER ERKENNEN

Ackerwinde
Die unterirdischen Ausläufer dieses kriechenden Unkrauts können auf mageren Böden zum Problem werden. Man beseitigt sie mit einem Herbizid.

Weißklee
Regelmäßiges Düngen und Wässern bei trockenem Wetter verhindert, dass der Klee sich ausbreitet. Sinnvoll sind auch Herbizide.

Faden-Ehrenpreis
Dieses Unkraut bevorzugt feuchte Böden und ist mit speziellen Herbiziden schwer zu beseitigen. Rasensand wirkt meist besser.

Löwenzahn
Die Blattrosetten verdrängen die Gräser; die Pflanzen säen sich rasch aus. Auf einer begrenzten Fläche gezielt behandeln oder von Hand ausstechen.

Kriechender Hahnenfuß
Dieses Unkraut findet man häufig auf feuchten, tonhaltigen Böden. Kleine Flächen von Hand ausreißen oder ein spezielles Herbizid anwenden.

Kleiner Sauerampfer
Zeigt mageren, trockenen, sauren Boden an und lässt sich durch regelmäßiges Düngen und Wässern eindämmen. Herbizide wiederholt einsetzen.

Großer Wegerich
Diese Pflanze bildet breite, das Gras verdrängende Rosetten. Einzelpflanzen lassen sich wie Löwenzahn gut ausstechen oder gezielt behandeln.

Schafgarbe
Zeigt oft mageren, trockenen Boden an. Wiederholte Herbizidanwendungen schwächen die Pflanzen, an kleinen Stellen hilft ausharken.

Zwergklee
Dieses einjährige Unkraut breitet sich beim Mähen ohne Auffangkorb rasch aus. Herbizidanwendungen beseitigen das Problem.

RASEN IN STAND SETZEN ODER ERNEUERN

UNREGELMÄSSIGES ODER ZU SCHARFES MÄHEN, Dürre, Hunde, starke Abnutzung und die Bildung einer dicken Filzschicht, Moos- und Unkrautbefall setzen einem Rasen erheblich zu. Ein zu stark strapazierter Rasen wird nicht nur unansehnlich, sondern beeinträchtigt optisch den gesamten Garten. Ist der Rasen auf der gesamten Fläche beschädigt, ist es meist sinnvoller, ihn komplett abzutragen und zu erneuern, als Rettungsversuche zu unternehmen.

LOHNT SICH EINE INSTANDSETZUNG?

Einzelne Stellen lassen sich zwar »flicken«, doch selbst bei genauem Vorgehen ist der neue Rasen inmitten der verdorbenen Fläche sichtbar. Absanden, Unkrautbekämpfung, Düngen und Wässern kann einen nicht allzu stark vernachlässigten Rasen retten. Stellen Sie fest, warum er in so schlechtem Zustand ist, bevor Sie entscheiden, ob sich eine Instandsetzung lohnt. Trockenheit oder tiefer Schatten können zur Folge haben, dass Rasen nicht gedeiht. Gleiches gilt für hartnäckige Probleme wie Hexenringe *(unten)*.

▲ EXTREME BEDINGUNGEN
Unter extremen Bedingungen wie Dürre ist es meist sinnvoller, die Fläche zu plattieren oder mit Kies zu bestreuen – vielleicht mit einigen robusten Bodendeckern durchsetzt.

EINEN RASEN RETTEN

- **Finden Sie** heraus, warum der Rasen in so schlechtem Zustand ist.
- **Mähen Sie** mit der höchsten Einstellung, und verringern Sie die Höhe allmählich.
- **Verabreichen Sie** Kurzzeitdünger, um das Wachstum anzuregen (*S. 28*).
- **Lüften Sie** den Rasen, um gegen die Bodenverdichtung anzugehen (*S. 31*).
- **Arbeiten Sie** eine Sandmischung ein (*S. 31*).
- **Wenden Sie**, soweit nötig, Herbizide an.
- **Vertikutieren Sie** im Herbst (*S. 30*).
- **Beseitigen Sie** im Herbst Moos (*S. 40*).
- **Bessern Sie** beschädigte Stellen im Herbst oder Frühling mit neuen Soden aus (*S. 37*).
- **Drainieren Sie** Böden mit Staunässe (*S. 16*).

Bei vollständiger Erneuerung wird die Fläche mit einem Herbizid behandelt. Graben Sie den Boden um, und ergreifen Sie Maßnahmen zur Beseitigung der Bodenprobleme. Bereiten Sie den Boden durch Antreten und Harken vor. Im Herbst neu einsäen oder Rollrasen verlegen.

HEXENRINGE
Durch Pilze verursacht, die von organischen Stoffen leben, bilden sie ein ringförmiges Wurzelgeflecht, das gegen Wasser unempfindlich und mit Chemikalien schwer zu beseitigen ist.

HARTNÄCKIGES MOOS
Auf nassen, sauren oder mageren Böden und im Schatten gedeiht Moos besser als Gras. Moos-Herbizide sind wirksam, doch kommt das Moos wieder, wenn sich die Bedingungen nicht ändern.

Rasen im Baumschatten

Unter Bäumen ist Rasen oft in schlechtem Zustand, weil der Baum Schatten wirft und seine Wurzeln das Wasser abziehen. Schöner ist oft eine Baumscheibe, die mit Schatten liebenden Bodendeckern bepflanzt wird. Wenn das Gras jedoch bis an den Baumstamm heranreichen soll, dann heben Sie die beschädigte Fläche ab, säen Sie sie neu aus oder verlegen Rollrasen, jedoch mit ausgesprochenem Schattenrasen. Schützen Sie die frisch eingesäte Stelle mit einem Netz.

NEUPFLANZUNG UNTER BÄUMEN
Um Bodendecker zu pflanzen, entfernt man ein Stück Rasen. Boden abheben, Unkraut jäten und Allzweckdünger einarbeiten.

RASENPFLEGE IM JAHRESLAUF

FRÜHLING

Harken Sie Filz und Reste heraus (nicht vertikutieren).

Mähen Sie zunächst mit maximaler Schnitthöhe, und verringern Sie diese allmählich.

Walzen Sie den Rasen, um Erhöhungen der Grasnarbe durch Frost auszugleichen.

Reparieren Sie die Rasenkanten, und stechen Sie sie nach.

Wenden Sie Moosvernichter an, beispielsweise Rasensand oder Herbizide.

Düngen Sie bei feuchtem Wetter.

Wässern Sie bei Trockenheit.

Bereiten Sie den Boden für neuen Rasen vor. Verlegen Sie Rollrasen oder bringen Sie Saatgut aus.

SOMMER

Mähen Sie regelmäßig in der richtigen Schnitthöhe. Bei Dürre den Rasen höher belassen.

Schneiden Sie regelmäßig die Kanten.

Wässern Sie bei trockenem Wetter möglichst ein Mal pro Woche gründlich (vor allem bei neu angelegtem Rasen).

Falls nötig, tragen Sie ein Herbizid auf den feuchten Boden auf.

Lüften Sie Stellen, an denen der Boden stark verdichtet ist.

Düngen Sie bei Feuchtigkeit, und bringen Sie nach Regen einen Kurzzeitdünger aus.

Stechen Sie Unkräuter aus, und wenden Sie bei feuchtem Wetter Herbizide an.

HERBST

Bringen Sie Dünger aus.

Mähen Sie weniger oft, erhöhen Sie die Schnitthöhe.

Verteilen Sie Erdhäufchen mit einer Harke.

Vertikutieren Sie den Rasen, um Filz und Moos zu beseitigen.

Lüften Sie verdichtete Stellen.

Bereiten Sie den Boden für neuen Rasen vor, und säen Sie ein.

Verlegen Sie Rollrasen.

Sanden Sie den Rasen ab.

Harken Sie Laub ab.

Behandeln Sie Pilzbefall und Krankheiten.

Setzen Sie Zwiebeln zum Verwildern in den Rasen.

WINTER

Setzen Sie Rasenmäher und andere Geräte in Stand.

Harken Sie Laub vom Rasen auf.

Verlegen Sie bei milden Temperaturen Rollrasen.

Bei Frost sollten Sie den Rasen nicht betreten.

Rasen aus anderen Pflanzen

Gras ist zwar die preiswerteste und vielseitigste, aber nicht die einzige Pflanze für Rasen. Auch andere breitwüchsige Pflanzen vertragen gelegentliches Betreten. Die meisten sind hinsichtlich der Boden- oder Standortbedingungen anspruchsvoller als Gras. Am besten beschränkt man sie auf kleinere Bereiche, da sich nicht immer eine dichte, vollständige Bodendeckung erzielen lässt und man Unkraut jäten muss (zumal keine speziellen Herbizide einsetzbar sind).

DUFTPOTPOURRI
Dieser kleine Rasen wird nur selten als Weg genutzt und deshalb wenig strapaziert. Die Mischung aus Kamille und Thymian bildet eine dichte Matte, gegen die Unkräuter keine Chance haben. Die Fläche ist zu jeder Jahreszeit hübsch anzusehen, vor allem während der Blüte. Bei jedem Tritt steigt ein würziger Duft auf, der sich mit Blütendüften vermischt.

Welche Pflanzen eignen sich?

Die nicht blühende Kamille 'Treneague' ist ideal für Rasen, doch auch die kriechende Korsische Minze *(Mentha requienii)* und niedrige Thymiansorten wie *Thymus doerfleri* und *T. serpyllum* bilden duftende Polster. Wenn Kinder im Garten spielen, ist allerdings Vorsicht geboten, da die Thymianblüten Bienen anlocken. Ist der Rasen rein dekorativ und wird nur wenig begangen, lässt sich auch mit anderen niedrigen, aber ausladenden Pflanzen *(rechts)* der Eindruck eines »Teppichs« erwecken. Für feuchte, schattige Stellen bietet sich Moos an *(S. 40)*.

ALTERNATIVEN

- **Cotula** Kriechpflanzen mit fein gefiederten Blättern und kleinen »Knopfblüten«.
- **Bubiköpfchen** *Soleirolia soleirolii* breitet sich in milden Klimaten stark aus.
- **Dichondra** Kriechpflanze mit winzigen Blüten, nur für frostfreie Gärten.
- **Niederliegendes Mastkraut** *Sagina* gibt eine schöne, goldblättrige Form.
- **Stachelnüsschen** *Acaena* ist einigermaßen trittfest, hat jedoch stachelige Fruchtstände.
- **Schlangenbart** Mit der schwarzblättrigen, grasähnlichen Sorte erzielt man gute Effekte.

NICHT BLÜHENDE KAMILLE

NIEDERLIEGENDER THYMIAN

KRIECHENDE MINZE

Welche Pflege ist nötig?

Zwar entfällt das Mähen, doch benötigt ein solcher Rasen ein wenig Pflege und kann ein teures Vergnügen sein, es sei denn, man zieht die Pflanzen selbst *(S. 46–47)*. Achten Sie darauf, dass sie sich für Ihren Boden eignen (*siehe »Geeignete Bodendecker«, S. 64–77*), und beseitigen Sie vorab Unkräuter *(S. 58)*. Setzen Sie die Pflanzen im Abstand von 20–30 cm und genauso sorgfältig wie Beetpflanzen *(S. 59)* ein. Wässern Sie regelmäßig, und jäten Sie anfangs Unkraut. Die meisten Pflanzen sprechen im Frühling auf einen Allzweckdünger und im Frühjahr oder Spätsommer auf einen mäßigen Schnitt gut an. Eine langstielige Rasenschere oder ein Einhand-Kantenschneider *(unten)* leisten gute Dienste.

Einhand-Kantenschneider

Langstielige Rasenschere

DUFTENDE ECKE
Die Fläche für den alternativen Rasen sollte nicht zu groß sein, damit die Pflege nicht zur Belastung wird. Nach einigen Jahren muss die Bepflanzung erneuert werden.

Höhere Pflanzen

Mit kriechenden Kräutern lassen sich zwischen größeren Pflanzen grüne Bereiche schaffen. Höhere Gewächse wie Heiligenkraut passen zum »Kräutergarten«, höhere Gräser fügen eine vertikale Komponente hinzu. Mit niedrigen Pflanzen kann man auch grüne »Bäche« durch Steingärten, Kies oder Platten anlegen, denn viele von ihnen mögen sonnige Standorte und durchlässigen Boden. Kleine Zwiebelpflanzen sorgen im Frühling und Sommer für farbige Akzente, vor allem Krokusse. Sehr schön sind sie in Orange vor Kamille oder in Weiß vor schwarzblättrigem Schlangenbart.

IN MEHREREN EBENEN
Dient die Fläche nicht als Weg, muss der alternative Rasen nicht unbedingt flach sein. Als Ergänzung dienen hier Zwergsträucher.

Pflanzen für Kräuterrasen selbst ziehen

Wenn Sie die Pflanzen für Ihren Kräuterrasen selbst ziehen, sparen Sie Kosten. Voraussetzung ist, dass Sie Platz für Sämlinge und Setzlinge haben. Zudem können Sie alte Pflanzen durch Jungpflanzen ersetzen. Teilen Sie große Pflanzen in kleinere Einheiten, die rasch zusammenwachsen, oder ziehen Sie neue aus Samen oder Stecklingen. Aus Samen gezogene Pflanzen sind nicht immer identisch mit der Mutterpflanze.

GEEIGNETE PFLANZEN

- Kamille kann aus Samen gezogen werden. Gruppen der Zwergform 'Treneague' lassen sich ohne Weiteres teilen *(S. 61)*.
- Thymian kann aus Samen oder im Sommer aus Stecklingen gezogen werden.
- Goldener Majoran (*Origanum vulgare* 'Aureum') kann im Sommer durch Stecklinge, im Frühling durch Teilung vermehrt werden.

Aussaat in Töpfen

1 Füllen Sie einen kleinen Topf mit feuchter Anzuchterde, und drücken Sie sie an (1 cm bis zum Rand). Verteilen Sie sparsam die Samen, und bedecken Sie sie mit einer Schicht gesiebter Erde oder Grit. Beschriften Sie die Töpfe, und wässern Sie vorsichtig.

2 Decken Sie den Topf mit Glas oder Folie ab, oder umhüllen Sie ihn mit einer Plastiktüte, und stellen Sie ihn ins Treibhaus oder auf eine kühle Fensterbank. Sind die Sämlinge gekeimt, werden sie auf fünf oder sechs kräftige Pflänzchen pro Topf ausgedünnt und diese gleichmäßig verteilt. Für mehr Pflanzen kann man die ausgedünnten Sämlinge auch in eine Schale verpflanzen.

Aussaat in Schalen

Wenn Sie genügend Platz haben (beispielsweise in einem Treibhaus), können Sie ganze Kamillen-»Soden« aussäen und die Sämlinge später auf einen Abstand von ca. 4 cm ausdünnen. Sobald diese Pflänzchen kräftig treiben, wird die Schale kurze Zeit vor dem Auspflanzen tagsüber nach draußen gestellt, nachts jedoch hereingeholt, um sie abzuhärten. Pflanzen Sie die Soden mit ca. 10 cm Abstand in flache Gräben. Lockern Sie vorher den Boden mit einer Handgabel auf und wässern Sie ihn gut, bevor Sie die Pflanzen setzen und andrücken, damit sie mühelos Wurzeln schlagen können.

TEILUNG GRUPPEN BILDENDER PFLANZEN

Eine große Pflanze wie etwa ein Thymianpolster kann im Frühling oder Herbst in kleinere Stücke zerteilt werden, die am Ende des folgenden Sommers eine mindestens vier Mal so große Fläche überziehen wie die Ursprungspflanze (*siehe auch »Teilung« S. 61*). Vorsichtiges Teilen und Wiedereinpflanzen in frische Erde verjüngt die Pflanze und regt sie zum Wachstum an. Dies ist auch bei großen Containerpflanzen aus dem Gartencenter möglich, die oft preiswerter sind als viele kleine Pflanzen.

1 **Graben Sie die Pflanze** aus, schütteln Sie lose Erde ab; schneiden Sie zwecks leichterer Handhabung das Grün zurück. Weiche Spitzen abschneiden.

2 **Schneiden oder reißen Sie** das Büschel in Stücke, und entfernen Sie die verholzten Strünke ohne Blätter in der Mitte und junge Wurzeln.

3 **Pflanzen Sie die Teilstücke** in frische Erde oder den aufgelockerten und gedüngten Boden, und wässern Sie sofort.

STECKLINGE ZIEHEN

Auch ohne Erfahrung mit Steck- und Schnittlingen können Sie im Frühling oder Frühsommer neue Pflanzen aus kleinen, bewurzelten Trieben der Mutterpflanzen ziehen. Minze etwa bildet unterirdische Ausläufer, aus denen Schösslinge entstehen *(rechts)*. Ähnlich wie beim Absenken *(S. 63)* werden beim Anhäufeln alter, verholzter Thymianpflanzen *(unten)* Dutzende neuer Pflänzchen geschaffen. Arbeiten Sie Erde und Grit in die Wurzelkrone ein, und wässern Sie gut.

MINZEAUSLÄUFER
Graben Sie eine Wurzel niederliegender Minze aus, schütteln Sie die Erde ab, und teilen Sie sie in mehrere Pflänzchen mit je ein oder zwei Trieben.

THYMIAN ANHÄUFELN
Im Frühjahr eine Mischung aus Torf und grobem Sand in die Wurzelkrone streuen, dabei schütteln. Bei Dürre wässern.

TRIEBE ABTRENNEN
Nach einigen Monaten die Triebe freilegen, Bewurzelung prüfen und bewurzelte Triebe abschneiden und auspflanzen.

AUSPFLANZEN

Eine Schale mit Erde füllen, andrücken und die Pflänzchen einsetzen. Gut wässern und die Schale (im Winter) auf ein kühles, helles Fensterbrett oder im Frühling in ein Frühbeet stellen. Vorsichtig, aber gut wässern, sobald die Erde trocken wirkt.
In der Regel sind die Jungpflanzen einige Monate nach dem Eintopfen groß genug zum Auspflanzen.

WILDBLUMENWIESE

EINE WIESE IST EIN RASEN, der bewusst so angelegt ist, dass andere Pflanzen als Gras darauf gedeihen. Sie passt natürlich ausgezeichnet zu ländlichen Gärten, doch selbst mitten in der Stadt kann ein kleines, aber sorgfältig gepflegtes und farbenfrohes Stück wilde Wiese einen Hauch von Landluft bedeuten. Für Vögel, Raupen und Insekten, die auf natürliche Weise zur Schädlingsbekämpfung beitragen, bietet sie Nahrung, Schutz- und Lebensraum.

VERSCHIEDENE PFLANZENKOMBINATIONEN

Die ideale Wildblumenwiese besteht aus Pflanzen, die üblicherweise als Unkräuter gelten – es müssen jedoch die richtigen Sorten sein. Voraussetzung sind gründliche Planung und Anlage. Dazwischen machen sich auch herkömmliche Beetpflanzen und verwilderte Zwiebeln gut. Die Effekte können sogar so geplant werden, dass die Wiese zu jeder Jahreszeit ein anderes Bild bietet.

◄ WINZIGE KOSTBARKEITEN *Schachbrettblumen fühlen sich in feuchten Wiesen wohl. Sie blühen im Frühling.*

▲ HOHES GRAS *Im Sommer blühen hohe Blütenpflanzen zwischen und über den Gräsern mit ihren Ähren.*

DIE RICHTIGEN BEDINGUNGEN SCHAFFEN

Wildblumen benötigen mageren Boden, so dass man die Sache ganz anders angehen muss als bei der Anlage eines »normalen« Beetes. So darf man keinesfalls den Boden verbessern oder mit Nährstoffen versehen, wie man es bei Beeten machen würde, noch die Wiese wie einen Rasen düngen, vertikutieren, lüften oder absanden. Eine Wiese macht deshalb nicht viel Arbeit, doch siedeln sich zwischen den Wildblumen durchaus unerwünschte Pflanzen an, die man ab und zu beseitigen sollte.

MAGERER BODEN

Wenn man ein Stück Garten in eine Wiese verwandeln möchte, muss zunächst der Boden magerer werden. Tragen Sie die oberste Erdschicht ca. 15 cm dick ab, auch vorhandenen Rasen (den Sie anderswo verwenden können). Der Vorteil ist, dass dabei auch Unkräuter samt Samen beseitigt werden. Um den Stickstoffgehalt des Bodens weiter zu reduzieren, harkt man Holzspäne oder Rinde ein. Wildblumenwiesen gedeihen auf magerem Boden am besten, oft sogar ohne Mutterboden.

DIE WAHL DER RICHTIGEN PFLANZEN

Da eine Wiese Pflanzen eine natürlichere Umgebung bietet als ein Rasen und man möchte, dass sie verwildern, müssen die Bodenbedingungen berücksichtigt werden. Schauen Sie sich natürliche wilde Wiesen in der Umgebung an, vielleicht mit einem Bestimmungsbuch in der Hand, um herauszufinden, welche Pflanzen dort wachsen. Auf feuchten Böden gedeihen andere Gewächse als auf trockenen Kalkböden, deshalb ist es hilfreich, wenn Sie Ihre Gartenerde kennen. Auch wenn Sie Ihre Wiese ganz authentisch gestalten möchten, sollten Sie niemals Wildpflanzen ausgraben.

BESTEHENDE WIESEN
Spezialisierte Pflanzen wie diese Erdorchideen gedeihen nur dort, wo sie ideale Bedingungen vorfinden; in der Regel erst in älteren, gut gepflegten Wiesen. Eine alte Wiese weist eine äußerst vielfältige Flora auf und dient zahlreichen Insekten als Lebensraum. Doch selbst eine junge Wiese kann für Tiere eine wichtige Oase darstellen. Mit der Zeit siedeln sich zudem viele Wildpflanzen aus der weiteren Umgebung an.

WIE VIEL PFLEGE MUSS SEIN?

Eine Wildwiese muss ein bis zwei Mal im Jahr gemäht werden: im Frühsommer, nachdem die Frühlingsblüher sich ausgesamt haben, und im Spätherbst. Das Schnittgut muss aufgeharkt und beseitigt werden, damit die Nährstoffe nicht in den Boden gelangen und grobe Gräser auf Kosten der Wildblumen begünstigen. Rasenmäher sind in der Regel hohem Gras nicht gewachsen. Deshalb mäht man Wiesen mit der Sense, doch kann man auf kleineren Flächen stattdessen auch einen viel ungefährlicheren Trimmer mit rotierendem Nylonfaden einsetzen oder einen Wiesenmäher ausleihen.

RASENTRIMMER
Er ist praktisch für kleinere Flächen mit hohem Gras. Anschließend kann man mit dem Mäher schneiden.

KOMPOST
Anders als Rasenschnitt kann Wiesengras sofort auf den Komposthaufen gegeben oder als Heu getrocknet werden.

Rasen in Wiese umwandeln

Ein Teil eines bestehenden Rasens lässt sich in eine Wiese verwandeln. Dazu muss man nicht die sonnigste Ecke wählen. Blumensamen direkt in den Rasen zu säen, ist ein schwieriges Unterfangen. Man setzt besser im Frühling oder Herbst nach dem Mähen junge Pflanzen ins Gras. Während einige davon anwachsen und sich selbst aussäen, verschwinden andere, weil sie nicht die richtigen Bedingungen vorfinden. Durch Mähen und Beseitigen des Rasenschnitts verhindert man, dass der Boden zu nährstoffreich wird, und fördert damit das Wachstum der Blumen, so dass sie mit der Zeit in ausgewogenem Verhältnis zu den Gräsern gedeihen.

UNKRAUT ODER BLUME?
Einige Wildblumen können zu üppig gedeihen. Löwenzahn allerdings kann sich gegen höheres Gras und andere Pflanzen nicht so gut durchsetzen wie in einem kurzen Rasen.

SONNE ODER SCHATTEN?
Wählen Sie die Wildblumen mit Bedacht, sei es für Sonne (Margeriten, oben) oder Schatten (Fingerhut, links), damit sie sich vermehren.

Zwiebelpflanzen in der Wiese

Zwar gehören Zwiebeln nicht unbedingt zur natürlichen Flora einer Wiese, doch gedeihen viele von ihnen dort gut. Im Frühling verwandeln sie die Wiese in ein Blütenmeer, und wenn das Gras im Frühherbst gemäht wird, lassen sich auch Herbstkrokusse und Herbstzeitlose einbeziehen. Kleinblütige Zwiebeln wirken meist am natürlichsten.

SORGFALT BEIM KAUF
Kaufen Sie Blausterne (rechts) und Schneeglöckchen aus Gründen des Umweltschutzes nur bei anerkannten Händlern.

SETZLINGE PFLANZEN

Sie können die Pflänzchen für Ihre Wiese selbst aus Samen ziehen, doch bequemer ist es, junge Setzlingen aus der Gärtnerei zu verwenden. Wildblumen werden dort meist unter ihren volkstümlichen Namen angeboten. Pflanzen Sie die Setzlinge nicht in gleichmäßigen Mustern, sondern eher in kleinen Gruppen. Unmittelbar vor dem Setzen wird gemäht, damit die Pflänzchen möglichst viel Licht bekommen. Gut wässern.

PRIMELN *(PRIMULA VULGARIS)*

1 Graben Sie für jedes Pflänzchen ein eigenes Loch. Bei vielen Setzlingen erleichtert ein Ausstecher *(oben)* die Arbeit.

2 Jeder der Setzlinge hat ein eigenes Wurzelgeflecht und muss feucht gehalten werden.

3 Pflanzen Sie mit den Händen. Vorsichtig andrücken und in den folgenden Wochen gründlich wässern.

INTERESSANTE GRÄSER HINZUFÜGEN

Ziergräser setzen auffallende Akzente in einer Wiese. Die Auswahl ist groß, und auch die Wildgräser selbst sehen oft sehr apart aus, wenn man sie nicht schneidet. Wenn Sie Wert auf eine natürliche Wirkung legen, sollten Sie panaschierte Formen meiden, die in der Wiese allzu »zahm« aussehen.

GEEIGNETE GRÄSER

Chinaschilf *Miscanthus sinensis* gibt es in interessanten Sorten, etwa 'Große Fontäne' oder 'Silberfeder', beide mit hohen, bogig überhängenden Blatt- und Rispenbüscheln.
Schmiele *Deschampsia cespitosa* wird in Varianten angeboten, die bunte Blatthorste mit eleganten, fedrigen Blütenrispen ausbilden.
Schwingel Sorten wie *Festuca glauca (rechts)* bevorzugen trockene Böden.

EINE WIESE NEU EINSÄEN

Wird eine Wiese neu eingesät, verwendet man fertige Mischungen aus Gräsern und Wildblumen, die als »Wildblumenwiese« angeboten werden. Man kann aber auch zunächst die Wildblumen aussäen und nach der ersten Blüte das Gras nachsäen. Gleichzeitig kann man einige Blumen in Töpfen ziehen *(S. 63)* und als Jungpflanzen einsetzen, um ihnen bessere Startchancen zu geben. Im ersten Jahr weist die Wiese zwar noch kahle Stellen auf, doch die Pflanzen breiten sich ganz von selbst aus.

WILDBLUMENWIESE
Saatmischungen enthalten in der Regel einfach zu ziehende, robuste Wildblumen wie Klatschmohn, Kornblume und Kornrade. Dabei handelt es sich um Einjährige, die sich von Jahr zu Jahr selbst aussäen, bis die übrige Bepflanzung zu dicht geworden ist. Die Samen verbreiten sich allerdings auch in Beete und Rabatten, gedeihen jedoch nicht in normalem Rasen, da sie regelmäßiges Mähen nicht vertragen.

BODENVORBEREITUNG

Flächen, die mit ausdauernden Unkräutern bewachsen sind, müssen zunächst gründlich gejätet werden. Heute kann man Unkräuter ohne weiteres mit Chemikalien beseitigen und trotzdem sofort Setzlinge pflanzen oder aussäen. Wer chemische Mittel scheut, muss umgraben und jäten *(S. 58)*. Bei hohem Bestand kann man auch die ganze Fläche mit schwarzer Folie abdecken. Sie nimmt den Pflanzen das Licht, so dass sie im Laufe weniger Wochen absterben. Einjährige Unkräuter muss man mit der Hacke beseitigen.

◄ BRENNNESSELN
Ausdauernde Unkräuter wie Brennnesseln sollten gleich beseitigt werden, bevor sie später zum Problem werden.

▲ UNKRAUTBEKÄMPFUNG
Eine langwierige, aber einfache Methode ist das Abdecken mit schwarzer Folie, unter der die Unkräuter absterben.

AUSSAAT

Einen Wiesenboden darf man weder tief umgraben noch düngen, wie es bei einem normalen Rasen der Fall sein sollte, denn dadurch würde er zu fett. Allerdings unterstützt es die Keimung, wenn der Boden aufgebrochen und feinkrümelig geharkt wird. Wässern Sie ihn sofort, so dass einjährige Unkräuter keimen, die man dann jäten oder mit Herbiziden behandeln kann. Die Fläche wird erneut geharkt, die Samenmischung ausgesät und wie Rasensaat mit Netz oder Stanniolpapier vor Vögeln geschützt *(S. 19)*.

1 **Streuen Sie den Samen** aus; trockenen Boden vorher wässern. Säen Sie dünn in mehrere Richtungen, damit sich die in der Mischung enthaltenen Arten gleichmäßig verteilen.

2 **Harken Sie den Boden**, um den Samen zu bedecken. Wässern Sie mit einem Sprinkler gründlich, ohne den Samen wegzuschwemmen. Schützen Sie die Aussaat vor Vögeln.

SAMEN SAMMELN

Wenn die Pflanzen blühen, kann man die Mischung beeinflussen, indem man allzu dominante Sorten vor der Reife abschneidet oder die Samen sammelt und anderswo aussät, um die Verteilung zu steuern. Pflanzen, die Mühe haben, sich durchzusetzen, zieht man in Töpfen für das nächste Jahr.

◄ SAMEN SAMMELN
Möchten Sie den Aussaatort der Pflanzen selbst bestimmen, schneiden Sie die Stängel nach der Reife ab und sammeln die Samen in Papiertüten, die man über die Fruchtstände bindet.

▲ KLATSCHMOHN
In neuen Wiesen dominiert meist Klatschmohn. Mit der Zeit verändert sich die Pflanzengesellschaft, und der Mohn verschwindet. Die Samen liegen keimbereit im Boden.

BODENDECKENDE PFLANZEN

PLANUNG UND AUSWAHL DER PFLANZEN

IN JEDEM GARTEN GIBT ES ECKEN, in denen Gras und viele Gartenpflanzen nur mühsam wachsen. Genau dort sind robuste Bodendecker, also kriechende oder Gruppen bildende, krautige Gewächse, Sträucher und Kletterpflanzen die beste Lösung. Bodendecker sind zwar kein Allheilmittel gegen Unkraut, doch die Bedeckung des Bodens leistet einen erheblichen Beitrag zu seiner Vermeidung.

WELCHE PFLANZEN EIGNEN SICH?

Städte und Gemeinden verwenden Bodendecker für Bereiche, die sonst mit festen Materialien bedeckt werden müssten. Allzu oft wird jedoch nur eine Sorte gepflanzt, meist robuste Sträucher, die die meiste Zeit des Jahres uninteressant aussehen. In Hausgärten müssen Bodendecker keineswegs eintönig sein, sie sind mehr als nur Rasenersatz. Durch die Kombination verschiedener Sträucher, Stauden und Zwiebeln kann man interessante farbliche Effekte erzielen.

WOZU BODENDECKER?

- Sie unterdrücken Unkräuter und sehen zu jeder Jahreszeit schön aus.
- Sie verhindern das Auslaugen von Nährstoffen durch Regen auf bloßen Erdboden.
- Die Wurzeln festigen den Boden und beugen einer Erosion an Hängen vor.
- Sie bieten kleinen Säugetieren und Insekten wertvollen Lebensraum.
- Sie sind einfacher und preiswerter »anzusiedeln« als z. B. Elemente aus Stein oder Holz.

BLAUE WELLEN *Das dicke Polster dieses Kriechwacholders ist das ganze Jahr über attraktiv gefärbt. Einjährige Unkräuter haben keine Chance, sich gegen die undurchdringliche Decke durchzusetzen. Lediglich ein Rückschnitt der Triebe am Rand der Bepflanzung ist gelegentlich erforderlich.*

◄ BODENDECKER UNTER BÄUMEN *Im Schatten wirken sie wie ein natürlicher Waldboden.*

Welche Möglichkeiten gibt es?

Die Auswahl eines geeigneten Bodendeckers muss gut überlegt werden. Wenn Sie schon viel Geld und Arbeit investieren, sollten die Pflanzen auch angehen. Die richtigen Sträucher brauchen vielleicht eine Weile, um zu wachsen, bieten dann jedoch eine dauerhafte, arbeitssparende Bodendeckung. Stauden verbreiten sich meist schneller, müssen jedoch nach einigen Jahren geteilt und manchmal erneuert werden. Sie eignen sich gut als mittelfristige Lösung für bestimmte Bereiche. Wenn Sie eine vorübergehende Begrünung für ein Jahr oder sogar nur einen Sommer benötigen, während eine Strauch- oder Staudenbepflanzung langsam heranwächst, oder wenn Sie sich noch nicht für eine endgültige Lösung entschieden haben, eignen sich auch Einjährige. Notfalls bedecken Sie die Fläche mit dicker schwarzer Folie, aber lassen Sie sie niemals brachliegen.

Wichtige Überlegungen

- Soll die Bepflanzung langfristig sein, und wie schnell soll sie wachsen? Einige der besten Bodendecker entwickeln sich nur langsam und müssen als Jungpflanzen dicht nebeneinander gesetzt werden. Schnell wuchernde Pflanzen sind manchmal genauso hartnäckig wie Unkraut. Manche überschreiten die Grenzen der Fläche und werden in kleinen Gärten lästig.
- Wie viel Arbeit möchten Sie investieren? Gemischte Pflanzungen sind schwieriger im Gleichgewicht zu halten als eine Sorte. Auch das Setzen von Zwiebeln erfordert Zeit.
- Liegt die Stelle das ganze Jahr über im Blickfeld? Falls ja, entscheiden Sie sich für immergrüne Sträucher oder Stauden, und suchen Sie nach Pflanzen, die zu unterschiedlichen Zeiten interessant aussehen, oder wählen Sie verschiedene Gewächse für mehrere Jahreszeiten.
- Welche anderen Pflanzen stehen in der Nähe? Die Bodendecker können eine Ergänzung oder einen Kontrast zu ihnen bilden.

Pflanzen für vorübergehende Bodendeckung

Wenn rasch begrünt werden soll, während die dauerhafte Bepflanzung sich langsam entwickelt, leisten Einjährige gute Dienste. Steinkraut, Sumpf- oder Schleifenblumen eignen sich als Bodendecker. Obwohl sie sich selbst aussäen, werden sie später von der dauerhaften Bepflanzung verdrängt. Gründüngungspflanzen sind schnell wachsende, oft im Herbst nach dem Unkrautjäten ausgesäte Einjährige. Im Winter verhindern sie, dass Nährstoffe ausgewaschen werden; vor der Blüte untergegraben, fördern sie die Fruchtbarkeit des Bodens.

▲ GRÜNDÜNGUNG
Die Samen werden auf Brachland ausgesät. Sobald sie 20 cm hoch sind, schneiden, einen Tag welken lassen und dann untergraben.

KLEE

WEIDELGRAS

◀ GRÜNDÜNGUNGSPFLANZEN
Sie verbessern die Bodenstruktur und -fruchtbarkeit. Weiß- und Wiesenklee geben Stickstoff an magere, trockene Böden ab. Weidelgras, Ackersenf und Büschelschön (Phacelia) *lockern schwere Böden auf.*

Die Standortfrage

Bodendecker müssen für den jeweiligen Standort genauso gut geeignet sein wie die Unkräuter, an deren Stelle sie treten sollen. Prüfen Sie die Bodenbeschaffenheit und achten Sie darauf, wie stark er im Sommer austrocknet. Im Gartencenter gibt es Sets, mit denen man den pH-Wert des Bodens ermitteln kann. Achten Sie auch auf die Lichtverhältnisse. Sonnenhungrige graublättrige Pflanzen wachsen im Vollschatten nicht. Sie können viele Sorten mischen, solange alle die gleichen Ansprüche an den Standort stellen.

◄ TROCKENE BÖSCHUNG
Eine offene Böschung mit saurem Boden decken Erikas immergrün ab. Sie werden nach der Blüte zurückgeschnitten.

▲ KÜHLER SCHATTEN
Diese Funkien bilden einen dichten Teppich, in dem Unkraut keinen Platz findet. Sie bevorzugen feuchte Böden. Blaublättrige Sorten sind dürreresistenter.

PFLANZEN FÜR SCHWIERIGE STANDORTE *(siehe auch S. 64–77)*

TROCKENER SCHATTEN

Bergenie Glänzende Blätter, rosa Blütenrispen

Immergrün *(Vinca)* Schnell wachsend, mit blauen Blüten

Pachysandra Immergrüner Bodendecker

Spindelbusch *(Euonymus)* Oft panaschierte Immergrüne

Taubnessel *(Lamium)* Grüne Blätter, schlichte Blütenstände

FEUCHTER SCHATTEN

Bärentraube *(Arctostaphylos)* Niedriger Strauch mit Beeren

Henne mit Küken *(Tolmiea)* Dichtes, saftig grünes Laub

Mahonie Immergrüner Strauch mit gelben Blütentrauben

Nieswurz *(Helleborus)* Dunkelgrüne Blätter, blüht im Winter

Steinbrech *(Saxifraga)* Blattrosetten mit zarten, weißen Blüten

TROCKENE HITZE

Beifuß *(Artemisia)* Graublättrige Stauden und Sträucher

Hornkraut *(Cerastium)* Wuchernd, mit silbrigen Blättern und weißen Blüten

Kapkörbchen *(Osteospermum)* Immergrüne mit margeritenartigen Blütenköpfchen

Katzenminze *(Nepeta)* Duftend, mit graugrünen Blättern und blauen Blütenrispen

MAGERER BODEN

Hundskamille *(Anthemis)* Fedrige Blätter, margeritenartige Blütenköpfe

Johanniskraut *(Hypericum)* Ausladender Strauch mit gelben Blüten

Lavendel Duftende Blätter, blaue Blüten

Waldmeister *(Galium)* Duftende Blätter und weiße Blüten

Zistrose *(Cistus)* Duftende Blätter und »strohige« Blüten

Vorbereitung und Pflanzen

Viele Bodendecker finden sich zwar mit mageren Böden ab, doch gedeihen die meisten nicht. Da die Pflanzen jahrelang an derselben Stelle stehen, kräftig sein und Unkräuter fern halten sollen, muss der Boden gründlich vorbereitet werden. Abgesehen vom Jäten aller ausdauernden Unkräuter muss der Boden mit organischen Stoffen und Allzweckdünger angereichert werden. Wählen Sie Pflanzen, die für den jeweiligen Boden und Standort geeignet sind.

Unkraut jäten

Einjährige Unkräuter können gejätet oder mit einem Kontakt-Herbizid beseitigt werden. Ausdauernde Unkräuter erfordern dagegen mehr Aufmerksamkeit, denn aus kleinen Wurzelstücken können sich neue Pflanzen entwickeln. Hacken Sie die Wurzeln von hartnäckigen Unkräutern vollständig heraus, versprühen Sie ein Translokations-Herbizid oder legen Sie schwarze Folie aus.

GIERSCH

▼ SORGFÄLTIG JÄTEN
Zerhacken Sie die Wurzelausläufer der ausdauernden Unkräuter nicht mit dem Spaten. Aus jedem noch so kleinen Teilstück, das im Boden bleibt, entwickelt sich eine neue Pflanze.

HERBIZID-EINSATZ

- Nach den Empfehlungen des Herstellers in der richtigen Jahreszeit angewendet, sind die Ergebnisse am besten.
- Nie in höherer Konzentration als angegeben verwenden.
- Herbizide an bedeckten, trockenen, möglichst windstillen Tagen versprühen.
- Tragen Sie Schutzkleidung: Handschuhe, Schutzbrille und Gummistiefel.

Umgraben und Bodenverbesserung

Nach Beseitigung der Unkräuter wird die Fläche umgegraben, um die Bodenbeschaffenheit zu verbessern und organische Stoffe einzuarbeiten. Auf größeren Flächen erleichtert eine Motorfräse die Arbeit. Zunächst streut man Kompost auf die Oberfläche und arbeitet ihn dann ein. Die feinkrümelige Deckschicht ist leicht zu bepflanzen. Auf kleineren Flächen harkt man den Kompost ein und bricht dabei dicke Erdklumpen auf.

► BODENVERBESSERUNG
Je nach den Bedürfnissen des Bodens wird organisches Material wie verrotteter Stalldung oder Kompost eingearbeitet.

PFLANZEN

Wässern Sie die Pflanzen vor dem Einsetzen gründlich, und verteilen Sie sie dann auf dem Boden. Graben Sie das Pflanzloch, und füllen Sie es mit Wasser, um den Boden zu tränken. Lassen Sie die Pflanze aus dem Topf gleiten, breiten Sie die Wurzeln aus, und legen Sie sie in das Loch. Die Erde wird entsprechend der vorherigen Höhe im Topf aufgefüllt. Wässern Sie die Pflanze nach dem Einsetzen, und häufeln Sie zur Gießerleichterung ringsum eine Schicht Mulch an.

1 **Das Loch** sollte doppelt so groß wie der Wurzelballen sein. Mischen Sie den Aushub mit organischem Material, und prüfen Sie die Tiefe.

2 **Lassen Sie die Pflanze** vorsichtig aus dem Topf in das Pflanzloch gleiten. Schaufeln Sie die Erdmischung wieder in das Pflanzloch.

3 **Sobald das Loch** gefüllt ist, wird die Erde rund um die Pflanze vorsichtig angetreten oder angedrückt. Gründlich wässern.

MULCH ZWISCHEN PFLANZEN AUSBRINGEN

Mulch verringert die Verdunstung von Feuchtigkeit und hilft gegen Unkräuter. Rindenmulch hält lange, enthält aber wenige Nährstoffe. Gartenkompost und Pilzsubstrat sind zur Bodenverbesserung geeignet, aber nicht so lange wirksam. Mulchen Sie sofort nach dem Pflanzen, danach jedes Frühjahr.

GROSSZÜGIG MULCH AUSBRINGEN
Eine dünne Mulchschicht reicht nicht. Die ideale Schichtdicke ist 10–15 cm.

FOLIENMULCH

Setzt man junge Pflanzen in schwarze Folie, lassen sich Unkräuter auch großflächig bändigen, zugleich bleibt der Boden feuchter. Mit Rindenmulch oder Kies kaschieren.

PFLANZEN UND FOLIE

- Plastikfolie verhindert, dass Pflanzen sich durch unterirdische Ausläufer vermehren.
- Einzelne Zwiebeln kann man nicht durch Folie pflanzen. Man schneidet einen Kreis aus und setzt die Zwiebeln in Gruppen.

1 **Folie mit einem Handspaten** aufschlitzen, Pflanze einsetzen, Wurzeln andrücken und wässern.

2 **Streuen Sie** auf die Folienfläche eine mindestens 5 cm dicke, dekorative Mulchschicht.

ROUTINEARBEITEN

FRISCH GESETZTE BODENDECKER benötigen in der ersten Zeit etwas Pflege. Von Hand werden Unkräuter gejätet, das Wachstum wird durch Düngen angeregt, und vor allem unter Bäumen oder an trockenen Stellen müssen sie gut gewässert werden. Sobald sie gefestigt sind, ist es lediglich ein Mal im Jahr erforderlich, sie zurückzuschneiden, Mulch aufzubringen und Stauden und Zwiebeln zu teilen.

RÜCKSCHNITT

Es ist selten sinnvoll, Stiele einzeln zu schneiden. Viele Pflanzen können im Frühling oder nach der Blüte mit der Heckenschere zurückgeschnitten werden, krautige Pflanzen und einige kriechende Sträucher auch mit einem Rasentrimmer. Harken Sie das Schnittgut stets auf, und lassen Sie Zwiebelgrün vor dem Schnitt immer verwelken.

WEITERGEHENDE PFLEGE

- Decken Sie nach dem Aufharken des Schnittguts und toter Zweige den Boden zwischen krautigen Pflanzen mit Kompost ab, und bringen Sie einen Allzweckdünger aus.
- Ist das Wetter nach dem Rückschnitt trocken, muss das Beet gewässert werden.

GRAUGRÜNE STRÄUCHER ZURÜCKSCHNEIDEN
Holzige Triebe sollte man sofort nach der Blüte oder im Frühling zurückschneiden, damit junge, blattreiche Triebe genügend Licht erhalten.

RASENTRIMMER
Die Nylonschnur rotiert mit hoher Geschwindigkeit und schlägt weiche Stängel und Triebe durch. Schutzbrille und lange Hose tragen.

BODENDECKENDE ROSEN

Anders als bei Strauchrosen ist bei diesen Rosen *(S. 69)* kein Rückschnitt im strengen Sinn erforderlich. Die strauchigen, buschigen Sorten werden nur geschnitten, um kranke oder tote Zweige zu entfernen. Wenn die wuchernden Rambler-Rosen allzu ausladend werden, kann man die überhängenden jungen Triebe schneiden *(rechts)*. Man kann sie auch am Boden feststecken *(kleine Abb.)* und damit die Blüte anregen. Gelegentlich schlagen die Triebe sogar Wurzeln und breiten sich weiter aus. Wird der Busch insgesamt zu dicht, schneiden Sie einige ältere Äste komplett heraus.

BODENDECKENDE RAMBLER-ROSE
Lange Triebe werden mit Handschuhen vorsichtig zum Boden gezogen und mit einer Drahtschlaufe festgesteckt.

Gruppen bildende Stauden teilen

Fast alle Stauden lassen sich durch Teilung vermehren. Sie sollte im Herbst oder Frühling erfolgen, wenn die Pflanzen ruhen oder die Wachstumsphase gerade beginnt. Die äußeren Bereiche sind am kräftigsten, die inneren Teile wirft man am besten weg.

VON HAND
Nach dem Ausgraben zieht man die Pflanzen einfach auseinander.

MIT DEM SPATEN
Dicke Wurzeln können mit einem Messer oder Spaten zerteilt werden.

TEILUNG IM FRÜHLING

Empfindliche Pflanzen, die einen durchlässigen Boden benötigen, teilt man im Frühling.

- *Agapanthus* • *Günsel* • *Hundskamille*
- *Beifuß* • *Haselwurz* • *Römische Kamille*
- *Funkie* • *Taubnessel* • *Liriope*
- *Houttuynia* • *Katzenminze* • *Fetthenne*
- *Ziest* • *Rainfarn*

TEILUNG IM HERBST

Die meisten Stauden teilt man im Herbst, solange der Boden noch warm und feucht ist. Frühlingsblüher haben so Zeit, sich zu erholen.

- *Bergenie* • *Kaukasus-Vergissmeinnicht*
- *Glockenblume* • *Maiglöckchen*
- *Tränendes Herz* • *Elfenblume*
- *Storchschnabel* • *Nieswurz* • *Taglilie*
- *Purpurglöckchen* • *Lungenkraut*
- *Beinwell* • *Schaumblüte* • *Trachystemon*

Teilung von Pflanzen mit fleischigen Wurzeln

Schmucklilien, Akanthus, Iris und Bergenien haben dicke Wurzeln, die faulen können, wenn sie im Herbst beschädigt und in kalte, feuchte Erde verpflanzt werden. Man wartet besser bis zum Frühling oder setzt die Teilstücke von Herbst bis Frühling in Töpfen in ein Frühbeet.

BERGENIEN
Diese Stauden bilden an ihren Ausläufern Pflänzchen mit dicken, holzigen Trieben, die von der Mutterpflanze abgeknipst und waagerecht an eine andere Stelle verpflanzt werden können.

Zwiebeln teilen

Zwiebeln unter Bodendeckern sind nach dem Absterben des Laubs schwer wieder zu finden. Es schadet ihnen aber nicht, wenn sie ausgegraben werden, solange sie noch Blätter haben, die Blüten aber verwelkt sind. Teilen Sie die Büschel in kleinere Gruppen, und setzen Sie sie wieder in den Boden, damit die Wurzeln nicht austrocknen.

▸ TEILUNG VON HAND
Teilen Sie ein Zwiebelbüschel mit den Händen in kleinere Gruppen und lösen dann einzelne Zwiebeln aus. Entfernen Sie abgestorbene Teile.

PFLANZEN VERMEHREN

UM EINE GROSSE FLÄCHE mit Bodendeckern zu bepflanzen, benötigt man Dutzende, manchmal Hunderte von Setzlingen. Rechtzeitig geplant, können Sie jedoch selbst Pflanzen vermehren. Durch Teilung *(S. 60–61)* oder Absenken lassen sich identische Pflanzen ziehen. Ebenfalls sinnvoll ist die Anzucht aus Samen.

BEWURZELTE TEILSTÜCKE ABTRENNEN

Die Triebe mancher Pflanzen bilden Wurzeln, wenn sie den Erdboden berühren. Nutzen Sie das aus, und schneiden Sie Teilstücke ab, die an anderer Stelle eingepflanzt werden. Bei sehr kleinen Teilstücken lohnt es sich, sie einen Sommer lang im Gewächshaus oder Frühbeet heranzuziehen, um ihnen den Start zu erleichtern.

TRIEBE WURZELN

- *Hedera*
- *Hypericum calycinum*
- *Lysimachia nummularia*
- *Mahonia*
- *Pachysandra*
- Rambler-Rosen
- *Rubus tricolor*
- *Vinca major*
- *Vinca minor*

1 **Wählen Sie** einen niedrigen, im Boden verwurzelten Trieb, und graben Sie ihn mit der Handgabel aus.

2 **Schneiden Sie** den Trieb von der Mutterpflanze ab (hier Efeu): Trennen Sie ihn mit der Rosenschere durch.

3 **Die einzelnen Triebe** sollten ein gesundes Wurzelsystem und einen kräftigen Schössling aufweisen. Entfernen Sie die unteren Blätter.

4 **Pflanzen Sie** jedes bewurzelte Teilstück ein, entweder in einen Topf mit Anzuchterde oder an den endgültigen Standort.

STRÄUCHER MIT AUSLÄUFERN

1 **Einen Trieb,** der aus dem Boden herauswächst, graben Sie aus und trennen ihn von der Mutterpflanze.

2 **Zerschneiden Sie** den Trieb in Teilstücke mit Wurzeln und Schössling.

3 **Pflanzen Sie** jedes bewurzelte Teilstück in einen Topf mit Anzuchterde oder an den endgültigen Standort.

Absenken

Oft kann man die Wurzelbildung bei Ausläufern bildenden Pflanzen wie Clematis, Lavendel, Sternjasmin oder Weinreben durch Absenken des Triebs anregen. Man schneidet an geeigneter Stelle eine Zunge in die Rinde *(unten)*, gräbt eine Mulde und arbeitet etwas groben Grit ein. Der Trieb wird festgesteckt, die Mulde mit Erde aufgefüllt und gewässert. Die Wurzelbildung dauert bis zu einem Jahr.

ABGESENKTER TRIEB
Durch den Kontakt mit der Erde entwickelt der Trieb eigene Wurzeln.

1 Biegen Sie einen jungen Trieb zum Boden, und markieren Sie die Position. Graben Sie eine ca. 8 cm tiefe Mulde mit geringem Gefälle.

2 Entfernen Sie Sprossen und Blätter. Schneiden Sie an der Unterseite eine Zunge in die Rinde, und tragen Sie Bewurzelungshormone auf.

3 Den Trieb im Boden feststecken, die Spitze hochbiegen und an einem Stab befestigen. Mulde mit Erde auffüllen, andrücken und wässern.

Aussaat

Viele Samen brauchen nicht unbedingt Wärme, ein Frühbeet reicht aus. Da einige winterharte Pflanzen eine lange Keimzeit haben, verwendet man Mutterboden, deckt diesen mit Grit ab (damit sich kein Moos bildet) und gräbt die Töpfe in feuchten Sand ein, um die Feuchtigkeit zu halten. Einige Winterharte brauchen im Winter eine kalte Ruhephase und sollten im Herbst ausgesät werden. Lassen Sie die Töpfe im Freien stehen, bis im Frühjahr die Sämlinge erscheinen. Nicht alle Pflanzen lassen sich aus Samen reinrassig anzüchten, doch auch Varianten sind schön.

SAMEN KÜHLEN
Wässern Sie sofort nach der Aussaat gründlich. Anschließend werden die Töpfe bis zur Keimung im Freien oder im Frühbeet in ein Sandbett gesetzt.

SAMEN SELBST SAMMELN

Folgende Samen lassen sich gut verwerten:
• Schafgarbe • Schmucklilie • Frauenmantel • Cotula • Tränendes Herz • Winterharte Storchschnabelsorten • Nieswurz • Taglilie

GEEIGNETE BODENDECKER

Die Beschreibungen enthalten Symbole für die Wachstumsanforderungen der jeweiligen Pflanze. Um den Abstand zwischen zwei Pflanzen zu errechnen, halbieren Sie ihre Ausdehnung, addieren die Zahlen und teilen die Summe durch zwei.

☼ volle Sonne ◐ Halbschatten ☀ gedeiht auch im Schatten ◊ gut drainierter, Wasser speichernder Boden ◊ feuchter Boden ♦ nasser Boden ❄ bedingt frosthart bis 0° C ❄❄ frosthart, min. –5° C ❄❄❄ winterhart, min. –15° C ♕ Auszeichnung der RHS H=Höhe A=Ausdehnung

STRÄUCHER UND KLETTERPFLANZEN

VIELE DIESER PFLANZEN sind immergrün und bilden eine dichte, Unkraut verdrängende Schicht, die sich je nach Jahreszeit mit Blüten und Beeren schmückt. Bis die Bodendeckung dicht ist, können Stauden *(S. 70–77)* die Lücken füllen. Bedingt frostharte Gewächse eignen sich nur für wärmere Gebiete oder als Einjährige.

Arctostaphylos (Bärentraube)
Immergrüne Sträucher und kleine Bäume für saure Böden. *A. uva-ursi* bleibt niedrig und breitet sich gut aus, die nur 10 cm hohen, verschlungenen Zweige sind von winzigen, ovalen Blättern überzogen. Im Sommer erscheinen kleine rosa Blüten. *A. pumila* ist größer. H bis 30 cm, A 50 cm ◐ ❄❄❄ ◊

Artemisia (Beifuß)
Krautige oder strauchige Stauden, oft duftend. Die Blätter sind grün oder silbrig, immergrün oder halbimmergrün. Durch Rückschnitt im Frühling die Form kompakt halten. ☼ ❄❄❄ ◊ Empfehlenswert: *A. ludoviciana* 'Silver Queen' ♕ H 75 cm, A 60 cm, *A. schmidtiana* ♕ H 30 cm, A 45 cm

Calluna vulgaris (Besenheide)
Niedriger, immergrüner Strauch für saure Böden, winzige Blätter. Im Sommer von weißen oder purpurrosa Blüten überzogen, die Bienen anlocken.

ARCTOSTAPHYLOS PUMILA

H 30 cm, A 60 cm ☼ ❄❄❄ ◊ Empfehlenswert: 'Beoley Gold' ♕, 'Firefly' ♕, 'Red Star' ♕

Ceanothus (Säckelblume)
Die immergrünen Sorten mit glänzenden, kleinen Blättern an aufrechten Zweigen tragen im Frühsommer viele winzige, blaue Blüten. H 1 m, A 1,5 m ☼ ❄❄/❄❄❄ ◊ Empfehlenswert: *C. griseus* var. *horizontalis* 'Yankee Point', *C. thyrsiflorus* var. *repens* 'Ken Taylor' ♕

Cistus (Zistrose)
Duftende, immergrüne Sträucher, im Sommer mit schönen, aber kurzlebigen Blüten. Gedeihen auf warmen, trockenen Böden. H 1 m, A 1,5 m ☼ ❄❄/❄❄❄ ◊ Empfehlenswert: *C.* × *corbariensis* ♕, *C.* × *dansereaui* 'Decumbens' ♕

COTONEASTER HORIZONTALIS

Clematis (Waldrebe)
Meist als Kletterpflanzen gezogen, können jedoch mit Hilfe horizontaler Zweige auch als Bodendecker eingesetzt oder durch Sträucher wie Koniferen und Cotoneaster gezogen werden. H 60 cm, A 1,5 m ☼ ❄❄❄ ♦ Empfehlenswert: 'Jackmanii' ♕, 'Minuet' ♕, *C. tangutica*

Cotoneaster (Zwergmispel)
Laub abwerfende oder immergrüne Sträucher mit kleinen weißen Blüten im Sommer und roten Beeren im Herbst. Bieten Vögeln Schutz und Nahrung. Einige Sorgen sind gute Bodendecker für Hänge. H 1 m, A 1,5 m ☼ ◐ ❄❄❄ ♦ Empfehlenswert: 'Herbstfeuer', *C. horizontalis* ♕, *C. procumbens*, *C.* × *suecicus* 'Coral Beauty' und 'Skogholm'

Daphne (Seidelbast)
Laub abwerfende und immergrüne Sträucher, vor allem wegen der duftenden Blüten geschätzt. Einige Sorten sind ausladend. H 75 cm, A 1 m ❄❄❄ ◊ Empfehlenswert: *D. cneorum* 'Eximia' ♕ ☼, *D. laureola* ● ♕, *D. pontica* ♕ ☼

Diervilla sessilifolia
Laub abwerfender Strauch, der sich durch Wurzelschösslinge vermehrt. Die Blätter sind im Frühling bronzefarben; im Sommer schwefelgelbe Blüten. H 1 m, A 1,5 ☼ ❄❄❄ ♦

Erica (Glockenheide)
Immergrüne Sträucher mit nadelförmigen Blättern und schlanken Zweigen. Die kleinen Blüten locken Bienen an. Die meisten Erikas fordern saure Böden, nur die im Winter blühenden Sorten wie *E. carnea* und *E.* × *darleyensis* vertragen kalkhaltige Böden. Brauchen einen hellen, sonnigen Standort. H 60 cm, A 1 m ☼ ❄❄❄ ◊ Empfehlenswert: *E. carnea, E. cinerea, E.* × *darleyensis, E. vagans*

Euonymus fortunei
(Spindelstrauch) Kleinblättriger, immergrüner Strauch, der in Sonne und Schatten dichte Polster bildet. Die Blätter sind panaschiert, die Blüten unscheinbar. H 60 cm, A 2 m ☼ ◐ ● ❄❄❄ ♦ Empfehlenswert: 'Emerald Gaiety' ♕, 'Emerald 'n' Gold' ♕

DAPHNE LAUREOLA SSP. PHILIPPI

EUONYMUS FORTUNEI 'EMERALD 'N' GOLD'

Gaultheria (Scheinbeere)
Kräftige, wuchernde, immergrüne Sträucher für saure Böden. Büschel kleiner rosa und weißer Blüten im Frühling. Sie reifen zu roten, rosa oder weißen Beeren. H 60 cm, A 2 m ☼ ◐ ❄❄❄ ♦ Empfehlenswert: *G. shallon*, *G. mucronata* 'Crimsonia' ♕ und 'Wintertime' ♕

Genista (Ginster)
Kleinblättrige, oft dornige Sträucher mit leuchtend gelben Blüten im Sommer. Schnellwüchsig, gedeihen auch auf trockenen Böden. H 60 cm, A 1 m ☼ ❄❄❄ ◊ Empfehlenswert: *G. hispanica* ♕, *G. lydia* ♕

Hebe (Strauchveronika)
Immergrüne Sträucher mit paarigen Blättern und kleinen Blütenbüscheln. Manche großblättrige Sorten sind etwas frostempfindlich. Wuchs und Form sind sehr unterschiedlich, bevorzugen einen durchlässigen Boden. H 45 cm, A 1 m ☼ ❄❄/❄❄❄ ◊ Empfehlenswert: 'Autumn Glory', *H. pinguifolia* 'Pagei' ♕, *H. rakaiensis* ♕

HEDERA HELIX 'LUZII', 'PERKEO' UND 'GOLDCHILD'

Hedera helix (Efeu)
Immergrüne Kletterpflanze, auch als Bodendecker geeignet, hat Blätter unterschiedlicher Größe, Form und Farbe. Efeu wächst im Schatten und auf allen Böden. Der Saft kann die Haut reizen. H 10 cm, A 1,5 m ◐ ❄❄❄ ♦ Empfehlenswert: 'Buttercup' 🏆 (leuchtende Blätter in voller Sonne), 'Eva' 🏆, 'Green Ripple', *H. hibernica* 🏆, 'Manda's Crested' 🏆

Helianthemum
(Sonnenröschen)
Niedrige, immergrüne Sträucher mit grauen oder grünen Blättern, im Sommer kleine, leuchtende Blüten. Bevorzugt sonnige Standorte und trockene Böschungen. H 20 cm, A 30 cm ☼ ❄❄❄ ◊ Empfehlenswert: 'Fire Dragon' 🏆, 'Henfield Brilliant' 🏆, 'Rhodanthe Carneum' 🏆, 'Wisley Primrose' 🏆

Hypericum calycinum
(Johanniskraut)
Ausläufer bildender, niedriger Strauch mit aufrechten Zweigen und immergrünen Blättern. Trägt den ganzen Sommer über große, goldgelbe Blüten. H 20 cm, A 1 m ☼ ❄❄❄ ◊

Iberis sempervirens
(Schleifenblume) Immergrüner, zwergiger Strauch mit dunkelgrünen Blättern, im Frühling mit weißen Blüten. H 25 cm, A 60 cm ☼ ❄❄❄ ◊ Empfehlenswert: 'Snowflake' 🏆

Lantana (Wandelröschen)
Immergrüne, frostempfindliche Sträucher für trockene Böden und warme Gebiete. Die kegeligen Blütenstände treiben lange Zeit. Das behaarte Laub löst Hautreizungen aus. Mindesttemperatur 10° C. H 75 cm, A 1,5 cm ☼ ♦ Empfehlenswert: *L. camara*, *L. montevidensis*

LANTANA CAMARA

Lavandula (Lavendel)
Graublättrige, immergrüne Sträucher mit duftendem Laub und Blüten. Sie bilden Polster auf trockenen Böden und Böschungen. H 45 cm, A 60 cm ☼ ❄❄❄ ◊ Empfehlenswert: *L. angustifolia* 'Hidcote' 🏆, *L. × intermedia*

Leucothoe walteri 🏆
(Traubenheide) Immergrüner Strauch mit glänzendem Laub, im Frühling Büschel weißer Blüten. Junge Blätter sind rötlich. Benötigt kalkfreien Boden. H 1 m, A 2 m ◐ ❄❄❄ ♦ Empfehlenswert: 'Rainbow', 'Rollissonii' 🏆

Lotus berthelotii 🏆
(Hornklee) Niederliegender, immergrüner Strauch mit nadelförmigen Blättern und bei älteren Pflanzen auch mit auffallenden, scharlachroten Blüten. In kühleren Regionen nur im Sommer als Freilandpflanze verwendbar. Mindesttemperatur 10° C. H 20 cm, A 2 m ☼ ❄ ◊

Mahonia aquifolium
(Mahonie) Immergrüner Strauch mit stacheligen Blättern und gelben Blüten im Winter oder Frühling, essbaren, dunkellila Beeren im Herbst. Im Freiland selbstaussäend. H 1 m, A 1,5 m ◐ ❄❄❄ ♦ Empfehlenswert: *M. repens* 'Apollo' 🏆, *M. × wagneri* 'Undulata' 🏆

Myrica cerifera (Gagel)
Ausläufer bildender Strauch für feuchte Böden, mit duftenden Blättern, gelben Blüten und Büscheln weißer Früchte, die sich den ganzen Winter über halten. H 5 m, A 5 m ☼ ❄❄ ♦

LANTANA MONTEVIDENSIS

Nandina domestica
Kleiner, immergrüner Strauch mit aufrechten Zweigen und fein gefiederten Blättern, die bei der jungen Pflanze und im Winter rötlich sind. Im Sommer weiße Blüten, später rote Beeren. H 1,5 m, A 1,5 m
☼ ❄❄❄ ♦ Empfehlenswert: 'Firepower', 'Harbor Dwarf'

Origanum
(Dost, Oregano, Majoran)
Duftende Zwergsträucher und holzige Stauden, die im Sommer rosa bis lila Blütenwirtel tragen. Gut für trockene Böden, locken Bienen an.
H 20 cm, A 60 cm ☼ ❄❄❄ ◊
Empfehlenswert: *O. laevigatum* 'Herrenhausen' ♀, *O. vulgare* 'Aureum' ♀

Parthenocissus (Jungfernrebe)
Laub abwerfende Kletterpflanze mit leuchtender Herbstfärbung. Nützlich als Bodendecker an Hängen und Böschungen, wo sie sich weiträumig ausbreiten kann. Hervorragend in Kombination mit Herbstzeitlosen. H 20 cm, A 3 m
☼ ❄❄❄ ◊ Empfehlenswert: *P. henryana*, *P. tricuspidata* ♀, 'Lowii' und 'Veitchii'

KRIECHENDE KONIFEREN

Mit vielen Zwerg- oder Kriechkoniferen lässt sich eine immergrüne und pflegeleichte Bodendeckung erzielen, vorausgesetzt, der Standort ist sonnig und der Boden feucht und durchlässig. In den ersten Jahren kann man einige Koniferen begehen, später jedoch verholzen die Zweige, so dass man leicht stolpert oder die Pflanzen beschädigt werden. Alle aufgeführten Arten und Sorten sind frosthart.

Juniperus communis
Niedrige Sorten wie 'Prostrata', 'Green Carpet' ♀ und 'Repanda' ♀ (H 30 cm, A 2 m) eignen sich ausgezeichnet für Böschungen. Sie weisen feine Nadeln und blaue bis schwarze Früchte auf, sind sehr robust und gedeihen auf verschiedenen, sogar kalkhaltigen Böden.

Juniperus conferta
Natürlicherweise kriechend, mit spitzen grünen Nadeln, ausladend. H 30 cm, A 2 m
Empfehlenswert: 'Blue Ice', 'Blue Pacific'

Juniperus horizontalis
(Kriechwacholder)
Graugrüne, spitze Nadeln und dunkelblaue Früchte. H 30 cm, A 2 m. Empfehlenswert: 'Bar Harbor', 'Blue Chip', 'Emerald Spreader', 'Grey Pearl', 'Plumosa' ♀, 'Turquoise Spreader', 'Wiltonii' ♀

Juniperus sabina (Sadebaum)
Ausladend, mit rötlicher Borke. H 60 cm, A 2 m. Empfehlenswert: 'Blaue Donau', 'Cupressifolia', 'Skandia'

Juniperus squamata
Niederliegende Formen wie 'Blue Carpet' ♀ und 'Holger' ♀ sind gute Bodendecker. Spitze, graugrüne Nadeln. H 40 cm–1 m, A 1–2 m

Microbiota decussata ♀
(Zwerglebensbaum)
Niederliegender Strauch. Die Zweige mit den winzigen dreieckigen Blättern färben sich im Winter bronze.
H 1 m, A 2 m oder mehr

Picea abies (Rotfichte)
Niederliegende norwegische Sorten wie 'Inversa' und 'Reflexa' (H 15 cm, A 2 m oder mehr) eignen sich als Bodendecker. Dunkelgrüne Nadeln.

Thuja occidentalis
(Lebensbaum)
Eigentlich handelt es sich dabei um einen kleinen, kegelförmigen Baum, doch gibt es Zwergformen, die als attraktive, dichte Bodendecker gepflanzt werden können, obwohl sie im strengen Sinne nicht kriechend sind. Empfehlenswert: 'Caespitosa', 'Golden Globe'

Thujopsis dolobrata
(Hibalebensbaum)
Kegelförmiger Baum. Die Blätter sind an der Unterseite weiß. 'Nana' (H 1 m, A 80 cm) eignet sich als Bodendecker.

THUJA OCCIDENTALIS 'CAESPITOSA'

ROSMARINUS OFFICINALIS PROSTRATUS-GRUPPE

Paxistima canbyi
Ausladender, immergrüner Strauch mit kleinen, ledrigen Blättern, im Sommer mit herabhängenden Gruppen unscheinbarer, grünlicher Blüten. H 40 cm, A 1 m ☀ ❄❄❄ ♦

Rhus aromatica (Sumach)
Niederliegender Strauch mit geteilten Blättern, die sich vor dem Abwerfen oft schön bunt färben. Breitet sich stark aus. Nur mit Handschuhen berühren, denn der Saft der meisten *Rhus*-Arten reizt die Haut und kann Blasen hervorrufen. H 1,5 m, A 3 m ☀ ❄❄❄ ◊

Rosmarinus officinalis
Immergrüner Strauch mit schmalen, duftenden Blättern und hellblauen Blüten im Frühling und Frühsommer. Gedeiht auf trockenen, mageren Böden. Mit Ausnahme der unten genannten Kriechformen steht Rosmarin zunächst aufrecht und wird mit zunehmendem Alter ausladender. H 1,5 m, A 1,5 m ☀ ❄❄/❄❄❄ ◊ Empfehlenswert: 'Jackman's Prostrate', *R. prostratus*-Gruppe 🏆, 'Severn Sea'

Rubus
Immergrüne, Laub abwerfende Sträucher. Als Bodendecker eignen sich vor allem die unten genannten kriechenden Arten, die auch im Schatten gedeihen und größere Bereiche zuwuchern. H 60 cm, A 3 m ◐ ❄❄❄ ♦ Empfehlenswert: *R. pentalobus, R. tricolor*

Ruscus (Mäusedorn)
Sich ausbreitender, immergrüner Strauch mit holzigen Zweigen. Die weiblichen Pflanzen tragen zunächst winzige Blüten, später rote Beeren. *Ruscus* wächst langsam zu dichten Polstern heran, ohne sich allzu stark auszubreiten. Erträgt auch Schatten und trockene Böden. H 75 cm, A 1 m ◐ ❄❄❄ ♦ Empfehlenswert: *R. aculeatus, R. hypoglossum*

Salix repens (Kriechweide)
Niederliegender, Laub abwerfender Weidenstrauch mit graugrünen Blättern. Im Frühling bilden sich an den schlanken Zweigen goldgelbe Kätzchen. H 60 cm, A 2 m ☀ ❄❄❄ ♦ Empfehlenswert: *S. repens* var. *argentea* (seidige, graue Blätter)

SALIX REPENS

SARCOCOCCA RUSCIFOLIA

Santolina (Heiligenkraut)
Immergrüne Zwergsträucher mit duftenden, grünen oder grauen Blättern. Im Sommer erscheinen kleine, kugelige Blütenköpfchen. Im Frühjahr zurückschneiden. H 50 cm, A 1 m ☀ ❄❄❄ ◊ Empfehlenswert: *S. chamaecyparissus* 🏆, *S. pinnata* ssp. *neapolitana* 🏆, *S. rosmarinifolia* 'Primrose Gem' 🏆

Sarcococca (Fleischbeere)
Schösslinge bildende Immergrüne mit kleinen, glänzenden Blättern. Bildet dichte Polster. Gegen Winterende winzige, duftende, weiße Blüten, die zu roten oder schwarzen Beeren werden. H 1,2 m, A 1,2 m ◐ ❄❄❄ ♦ Empfehlenswert: *S. ruscifolia* var. *chinensis* 🏆, *S. confusa* 🏆, *S. hookeriana* 🏆

Stephanandra incisa
(Kranzspiere) Unterirdische Ausläufer bildender, kleiner Strauch mit überhängenden Zweigen und unscheinbaren Blüten, jedoch schöner Herbstfärbung. Gedeiht in der Sonne oder im Halbschatten auf fast allen Böden. H 1 m, A 2 m ☀ ❄❄❄ ♦

VINCA MINOR

Thymus (Thymian)
Immergrüner, kriechender Strauch mit winzigen, aromatischen Blättern und im Sommer Büscheln kleiner Blüten. Verträgt magere Böden und ist trittfest. H 20 cm, A 50 cm ◪ ❄❄❄ ◊ Empfehlenswert: *T. doerfleri* 'Bressingham', *T.* 'Doone Valley', *T. serpyllum* var. *coccineus* 🏆, *T. serpyllum* 'Pink Chintz' 🏆

Trachelospermum
(Sternjasmin) Immergrüne, windende Kletterpflanze mit glänzenden Blättern und weißen, duftenden Sternblüten im Sommer. Kann in milden Regionen in Sonne oder Halbschatten als Bodendecker eingesetzt werden. H 20 cm, A 5 m ◪ ❄❄ 💧 Empfehlenswert: *T. jasminoides* 🏆, *T. jasminoides* 'Variegatum' 🏆

Vaccinium vitis-idaea
(Preiselbeere)
Immergrüner, kriechender Strauch mit weißen oder rosa Blüten im Frühling und roten Beeren im Sommer. Benötigt saure Böden. H 25 cm, A 1 m ◪ ❄❄❄ 💧 Empfehlenswert: 'Koralle'-Gruppe 🏆

Vinca (Immergrün)
Kriechender Strauch mit überhängenden Zweigen, die bei Bodenkontakt Wurzeln austreiben. Erträgt magere, feuchte Böden und Vollschatten. Blaue, rosa oder weiße Blüten vom Frühling bis zum Sommer. Gut auf Böschungen und unebenen Flächen. *V. major* braucht Platz. H 30 cm, A 1 m ☀ ❄❄❄ 💧 Empfehlenswert: *V. major* 'Maculata' und 'Variegata' 🏆, *V. minor* 'Argenteovariegata' 🏆, 'Atropurpurea' 🏆 und 'La Grave' 🏆

Vitis coignetiae
Kräftige Kletterpflanze mit großen Blättern, die sich im Herbst prächtig verfärben. Gut zum Überdecken einer sonnigen, großen Böschung. H 50 cm, A 5 m ◪ ❄❄❄ 💧

Xanthorhiza simplicissima
Laub abwerfender, Ausläufer bildender Strauch mit farnartigen Blättern. Hängende, bräunliche Blüten im Frühling. Prachtvolle Herbstfärbung. H 60 cm, A 2 m ☀ ❄❄❄ 💧

BODENDECKENDE ROSEN

Die Auswahl an bodendeckenden Rosen wächst stetig. Neben kleinen, kompakten, buschigen Pflanzen gibt es Kletterrosen mit langen Trieben, die beim Berühren des Bodens wurzeln können. Rosen werfen Laub ab, schmücken sich aber im Sommer immer wieder mit Blütenkaskaden. Sie sind unempfindlich gegen Krankheiten und müssen kaum zurückgeschnitten werden *(S. 60)*. ◪ ❄❄❄ 💧

ROSA 'SURREY'

'Broadlands' Wuchernd, mit gefüllten cremegelben Blüten. H 75 cm, A 3 m

'Grouse' Kriechend, mit ungefüllten, duftenden, hellrosa Blüten. H 60 cm, A 3 m

ROSA 'GROUSE'

'Nozomi' 🏆 Kriechend, mit Büscheln ungefüllter hellrosa Blüten. H 45 cm, A 1,5 m

'Pink Bells' Wuchernd, mit dunkelrosa Blüten. H 75 cm, A 1,5 m

'Surrey' 🏆 Polsterförmig, mit gefüllten rosa Blüten. H. 80 cm, A 1,2 m

'Swany' Kriechend, weiße Blüten. H 75 cm, A 1,5 cm

'Snow Carpet' 🏆 Zwerg-Bodendecker mit cremefarbenen Blüten. H 15 cm, A 50 cm

'The Fairy' 🏆 Polster bildend, mit gefüllten rosa Blüten. H 75 cm, A 1 m

STAUDEN

DIESE PFLANZEN FÜLLEN KAHLE STELLEN meist schneller als Sträucher, brauchen aber mehr Pflege. Im Winter müssen die Triebe zurückgeschnitten werden. Mulch und Dünger im Frühling sorgen für kräftiges Wachstum. Berechnen Sie den Pflanzabstand anhand des Umfangs. Ältere Pflanzen kann man teilen.

Achillea (Schafgarbe) Polster bildende oder aufrechte Stauden, meist mit kleinen, flachen Blütenständen. Die niedrigen Sorten finden Sie unten. Graue oder grüne Blätter, oft fein zerteilt. Trockener, sonniger Standort. H 2,5 m, A 3 m ☼ ❄❄❄ ◊ Empfehlenswert: *A. ageratum* 'W. B. Childs', *A. ptarmica* 'Boule de Neige', *A.* 'Schwellenburg', *A. tomentosa* ♀

Aegopodium podagraria **'Variegata'** (Geißfuß) Panaschierte Sorte des Gierschs, eines selbst unter ungünstigsten Bedingungen kräftig wuchernden Unkrauts. Sinnvoller Bodendecker für unebene Flächen, jedoch nur dort, wo er keine anderen Pflanzen verdrängen kann. H 30 cm, A 3 m ☼ ❄❄❄ ♦

AJUGA REPTANS 'MULTICOLOR'

Agapanthus (Schmucklilie) Gruppen bildende Staude mit riemenförmigen Blättern. Laub abwerfende Sorten sind eher frosthart als immergrüne. Treibt im Sommer kugelige, blauen Blüten auf hohen Stängeln. H 1,2 m, A 1 m ☼ ❄❄ ♦ Empfehlenswert: *A. africanus* ♀, *A. campanulatus*, Headbourne-Hybriden, 'Lilliput', 'Loch Hope' ♀

Ajuga reptans (Kriechender Günsel) Halbimmergrüne Staude mit glänzenden, roten bis purpurroten oder bunten Blättern und kurzen Ähren mit blauen Blüten im Frühsommer. H 15 cm, A 60 cm ☼ ❄❄❄ ♦ Empfehlenswert: 'Atropurpurea' ♀, 'Braunherz' ♀, 'Burgundy Glow' ♀, 'Catlin's Giant' ♀, 'Multicolor'

Alchemilla (Frauenmantel) Verholzende Staude mit rundlichen Blättern und Büscheln kleiner, gelbgrüner Blüten im Sommer. H 45 cm, A 60 cm ☼ ❄❄❄ ♦ Empfehlenswert: *A. alpina*, *A. mollis* ♀

Anthemis punctata **ssp. cupaniana** ♀ (Hundskamille) Gruppen oder Matten bildende Staude, im Sommer margeritenähnliche weiße Blütenköpfchen mit gelber Mitte. Die Blätter sind fein und silbergrau. H 30 cm, A 75 cm ☼ ❄❄❄ ◊

ALCHEMILLA MOLLIS

Arabis (Gänsekresse) Immergrüne, Polster bildende Staude mit mattgrünen Blättern und zahlreichen weißen oder rosa Blüten im Frühling. Gut geeignet für trockene, kalkhaltige Böden und für Böschungen. H 15 cm, A 50 cm ☼ ❄❄❄ ◊ Empfehlenswert: *A. alpina* 'Flore Pleno' ♀ und 'Snowcap' ♀, *A. blepharophylla* 'Frühlingszauber' ♀

Asarum (Haselwurz) Immergrüne Staude mit glänzend dunkelgrünen, aromatischen Blättern und seltsamen braunen Blütenständen, die in Bodennähe verborgen sitzen. Gedeiht am besten in kalkfreien Böden, bildet dort dichte, niedrige Matten. H 8 cm, A 45 cm ☼ ❄❄❄ ♦ Empfehlenswert: *A. europaeum*, *A. shuttleworthii*

Bergenia
Frühlingsblühende Staude mit rosa oder weißen Blüten und glänzenden, abgerundeten, immergrünen Blättern, die sich im Winter meist rötlich färben. Passt sich an die meisten Standorte an. H 30 cm, A 50 cm ◐ ❄❄❄ 💧 Empfehlenswert: 'Bressingham White' 🏆, *B. cordifolia* 'Purpurea' 🏆, 'Morgenröte' 🏆, *B. purpurascens* 🏆, 'Silberlicht' 🏆

Brunnera macrophylla 🏆
(Kaukasus-Vergissmeinnicht) Gruppen bildende Staude mit dicken, herzförmigen, manchmal panaschierten Blättern mit Rispen kleiner, blauer Blüten im späten Frühjahr. H 45, A 60 cm ◐ ❄❄❄ 💧 Empfehlenswert: 'Langtrees', 'Hadspen Cream' 🏆

Campanula (Glockenblume)
Sehr vielgestaltige Staude mit meist blauen Blüten. Niedrige Sorten eignen sich gut als Bodendecker. H 15 cm, A 50 cm ☀ ❄❄❄ 💧 Empfehlenswert: *C. garganica* 🏆, *C. portenschlagiana* 🏆, *C. porscharskyana*

ANTHEMIS PUNCTATA SSP. CUPANIANA

CAMPANULA PORSCHARSKYANA

Cerastium tomentosum
(Filziges Hornkraut)
Matten bildende Staude mit silbrigen Blättern, im Sommer mit weißen Blüten. Gut für trockene Böden und unebenes Gelände sowie Böschungen, wuchert in Rabatten.
H 10 cm, A 1 m ☀ ❄❄❄ ◊

Ceratostigma (Hornnarbe)
Halbstrauch oder krautige Staude mit leuchtend blauen Blüten im Herbst, wenn sich die Blätter bereits röten. Wertvoll wegen der späten Blüte.
H 45 cm, A 1 m ☀ ❄❄❄ ◊
Empfehlenswert: *C. plumbaginoides* 🏆, *C. willmottianum* 🏆

Chamaemelum nobile
(Römische Kamille)
Matten bildende, duftende Staude mit gefiederten Blättern und weißen, an Gänseblümchen erinnernden Blütenköpfchen im Sommer. Da sie mäßige Belastung übersteht, wird sie oft als Rasenersatz verwendet, meist zusammen mit Thymian, allerdings eher als lockeres Arrangement. Muss bis auf die Sorte 'Treneague' gemäht werden.
H 30 cm, A 45 cm ☀ ❄❄❄ ◊

Convallaria majalis 🏆
(Maiglöckchen)
Rhizomstaude mit breiten, basalen Blättern und Trauben duftender, hängender weißer, gelegentlich rosafarbener Glöckchenblüten, die im späten Frühling erscheinen. Liebt feuchten Boden und Halbschatten, wuchert dort aber.
H 23 cm, A 30 cm ◐ ❄❄❄ 💧
Empfehlenswert: 'Fortin's Giant', var. *rosea*

Convolvulus (Winde)
Sträucher, Einjährige und rankende Stauden mit attraktiven Blüten und windenden Trieben. Als Bodendecker geeignete Sorten bevorzugen sonnige, durchlässige Standorte und sind in feuchten, lehmigen Böden nicht voll frosthart. H 15 cm, A 1 m. Empfehlenswert: *C. althaeoides* ☀ ❄❄❄ ◊, *C. sabatius* 🏆 ❄❄ ◊

Cotula coronopifolia
(Laugenblume) Feuchtigkeitsliebende, kurzlebige, sich selbst aussäende Staude. Grob gezähnte Blätter und leuchtend gelbe Blütenköpfchen im Sommer. H 15 cm, A 30 cm ☀ ❄❄❄ 💧

CONVALLARIA MAJALIS

Dicentra (Tränendes Herz)
Rhizomstaude mit gebogenen Trieben und herzförmigen Blüten, meist in Pink und Weiß. Für Halbschatten und feuchte Böden; bei Trockenheit oder in praller Sonne geht sie ein. H 45 cm, A 60 cm ◨ ❄❄❄ ♦ Empfehlenswert: 'Bacchanal', 'Langtrees' 🏆, 'Luxuriant' 🏆, 'Stuart Boothman' 🏆

Duchesnea indica
(Indische Erdbeere)
Kriechende Staude, die sich durch Ausläufer verbreitet. Ähnelt Erdbeeren. Gelbe Blüten gefolgt von essbaren, aber faden, roten Früchten. H 10 cm, A 1,2 m ◨ ❄❄❄ ◊ Empfehlenswert: 'Harlequin'

Epimedium (Elfenblume)
Halbimmergrüne oder immergrüne Rhizomstaude, im Frühling zarte Blüten in leuchtenden Farben. Im Winter das Vorjahreslaub zurückschneiden. Gedeiht in feuchten Böden, einige vertragen ausgewachsen sogar trockenen Schatten. H 40 cm, A 60 cm ◨ ❄❄❄ ◊ Empfehlenswert: *E. grandiflorum* 'Rose Queen' 🏆, *E.* × *perralchicum* 🏆

Epimedium × perralchicum

Geranium endressii

Euphorbia (Wolfsmilch)
Verschiedene Pflanzengruppen für alle Klimate. Eignen sich als Bodendecker. Die meisten entwickeln Blütenstände mit auffallenden, meist gelben oder grünen Deckblättern. H 45 cm, A 60 cm ❄❄❄ ♦ Empfehlenswert: *E. amygdaloides* var. *robbiae* 🏆 ▣, *E. cyparissias* 'Fens Ruby' ◨, *E. dulcis* 'Chameleon' ◨, *E. griffithii* 'Dixter' 🏆 ◨, *E. polychroma* 🏆 ◨

Galium odoratum
(Waldmeister)
Rhizomstaude mit aromatischen, in Wirteln angeordneten, schmalen Blättern und winzigen weißen, stark duftenden Blüten. Verträgt magere Böden. H 45 cm, A 1,2 m ◨ ❄❄❄ ◊

Geranium (Storchschnabel)
Sommerblühende Stauden mit graugrünen Blättern, viele stark wuchernd. Die Blüten gibt es in verschiedenen Rosa- und Pinktönen, Blau, Purpur oder Weiß. H 40 cm, A 60 cm ◨ ❄❄❄ ♦ Empfehlenswert: *G. endressii* 🏆, 'Johnson's Blue' 🏆, *G. macrorrhizum* 'Album' 🏆, *G.* × *oxonianum*

Helleborus (Nieswurz)
Im Winter und Vorfrühling blühende immergrüne Staude, die Büschel aus dunkelgrünen Blättern ausbildet. Dicht gepflanzt ergeben sie eine ausreichende Bodendeckung. Einige Sorten mögen in der Reife Vollschatten, manche sogar Kalkböden. Verbreitung durch Selbstaussaat. H 45 cm, A 60 cm ◨ ❄❄❄ ♦ Empfehlenswert: *H. argutifolius, H. foetidus* Wester Flisk-Gruppe, *H. orientalis*

Hemerocallis (Taglilie)
Gruppen bildende Stauden mit langen, schmalen Blättern und großen, trichterförmigen Blüten. Wuchsform und Wüchsigkeit sind unterschiedlich. Zwergformen eignen sich für Einfassungen und als Bodendecker. Einige Sorten breiten sich rasch durch Ausläufer aus. Die meisten mögen feuchte Böden, tragen aber in praller Sonne die reichste Blüte. Jede Blüte hält nur einen Tag, doch erscheinen über eine lange Blühphase immer wieder neue. Orange, Gelb und Rosa sind die häufigsten Farben. H 70 cm, A 1 m ◨ ❄❄❄ ♦

Heuchera 'Red Spangles'

Heuchera
(Purpurglöckchen)
Immergrüne und halbimmergrüne Stauden mit schönen Blättern und Trauben kleiner, oft leuchtend bunter Blüten. Sorten mit buntem Laub sind als Bodendecker besonders wertvoll. H 60 cm, A 45 cm ◐ ❄❄❄ 💧 Empfehlenswert: 'Chocolate Ruffles', *H. micrantha* 'Palace Purple' 🏆, 'Persian Carpet', 'Red Spangles' 🏆

Hosta (Funkie)
Gruppen oder rhizombildende Staude mit auffallendem, oft bereiftem oder gemustertem Laub, oft blau oder bunt, im Hochsommer mit Trauben herabhängender, trichterförmiger Blüten von Weiß bis Purpur. Die meisten bevorzugen feuchte Böden und Halbschatten, viele sind aber voll ausgebildet auch trockenheitsresistent. Die genannten Sorten gedeihen an den meisten Standorten. H bis 75 cm, A 1 m ◐ ❄❄❄ 💧 Empfehlenswert: Weiß gezeichnet: *H. fortunei* var. *albopicta* 🏆, 'Francee' 🏆, 'Wide Brim' 🏆; Blaublättrig: 'Krossa Regal' 🏆, *H. sieboldiana* var. *elegans*, 'Shade Fanfare' 🏆, Gelb gezeichnet: *H. fortunei* var. *aureomarginata* 🏆, 'Frances Williams' 🏆, 'Gold Standard', 'Sum and Substance' 🏆

Houttuynia cordata
Laub abwerfende Rhizomstaude mit rötlichen Stängeln, herzförmigen Blättern und kleinen, weißen Blüten. Die Blätter riechen intensiv, wenn man sie zerdrückt. Kann in feuchten Böden stark wuchern. H 30 cm, A 1 m ◐ ❄❄❄ ◊ 💧 Empfehlenswert: 'Chameleon', 'Flame'

HOSTA SIEBOLDIANA VAR. *ELEGANS*

Lamium (Taubnessel)
Immergrüne oder halbimmergrüne, kriechende Staude, die im Frühsommer wirtelförmig angeordnete, kleine Blüten treibt. An den viereckigen Stängeln sitzen gegenständige, meist schön gezeichnete Blätter. Manche Taubnesseln sind gute Pflanzen für trockenen Schatten. H 30 cm, A 1 m ◐ ❄❄❄ 💧 Empfehlenswert: *L. galeobdolon*, *L. galeobdolon* 'Hermann's Pride' und 'Silver Carpet', *L. maculatum* 'Beacon Silver' und 'White Nancy' 🏆, *L. orvala*

Lampranthus
Buschige, sukkulente Staude für milde Gegenden. Im Sommer erscheinen leuchtende, margeritenartige Blüten. Gut für sehr trockene, frostfreie Gegenden, Mindesttemperatur 7° C. H 45 cm, A 1 m ☀ ◊ Empfehlenswert: *L. aurantiacus*, *L. spectabilis* 'Tresco Apricot'

Liriope
Gruppen bildende, immergrüne Staude mit schmalen Blättern und im Herbst mit Trau-

HOSTA 'GOLD STANDARD'

ben kleiner, malvenfarbener oder weißer Blüten. Bevorzugt saure Böden, verträgt aber auch Trockenheit und Halbschatten. H 30 cm, A 45 cm ◐ ❄❄❄ 💧 Empfehlenswert: *L. muscari*, *L. muscari* 'Variegata'

Luzula (Hainsimse)
Immergrüne, büschelförmige, grasähnliche Staude mit kleinen, dunklen Blüten. Gut auf mageren, aber feuchten Böden. H 75 cm, A 60 cm ◐ ❄❄❄ 💧 Empfehlenswert: *L. nivea*, *L. sylvatica* 'Aurea' und 'Marginata'

LUZULA NIVEA

NEPETA × FAASSENII

Lysimachia (Felberich)
Meist Laub abwerfende Rhizomstaude mit aufrechten Trieben und Trauben kleiner Blüten. Das Pfennigkraut (*L. nummularia*) ist niederliegend. Bevorzugen feuchte Böden. H 75 cm, A 60 cm ☼ ❄❄❄ 💧 Empfehlenswert: *L. clethroides* 🏆, *L. nummularia* 'Aurea' 🏆, *L. punctata* 'Alexander'

Mazus reptans
Kriechende, kleinblättrige Stauden mit malvenfarbenen Blüten. Bevorzugen feuchte, durchlässige Böden und gedeihen gut in Torfbeeten. H 5 cm, A 30 cm ☼ ❄❄ 💧

Mentha (Minze)
Kriechende, Laub abwerfende Staude, die sich stark ausbreitet. Niedrige Sorten sind wertvolle, duftende Bodendecker mit Blüten, die gerne von Bienen besucht werden. H 45 cm, A 1 m ☼ ❄❄❄ 💧 Empfehlenswert: *M. × gracilis* 'Variegata', *M. pulegium*, *M. requienii*, *M. spicata* 'Crispa', *M. suaveolens* 'Variegata'

Nepeta (Katzenminze)
Duftende Staude, oft graugrüne Blätter und blaue Blüten. Wuchsformen von aufrecht bis kriechend. Die Pflanzen gedeihen auf trockenen Böden, die Blüten locken im Sommer Bienen an. H 45 cm, A 60 cm ☼ ❄❄❄ 💧 Empfehlenswert: *N. × faassenii*, *N. racemosa*, *N. sibirica* 'Souvenir d'André Chaudron', *N.* 'Six Hills Giant'

Ophiopogon (Schlangenbart)
Immergrüne Rhizomstaude mit grünen, schwarzen oder panaschierten grasähnlichen Blättern. Auf die kleinen Blüten an kurzen Trauben folgen runde Früchte. H 25 cm, A 30 cm ◐ ❄❄❄ 💧 Empfehlenswert: *O. jaburan* 'Vittatus', *O. planiscapus* 'Nigrescens' 🏆

Osteospermum
(Kapkörbchen) Nicht ganz frostharte, immergrüne Staude mit margeritenartigen Blütenköpfchen. Es gibt verschiedene Wuchsformen, die niederliegenden Sorten ergeben an geschützten Stellen gute Bodendecker auf sonnigen, leichten Böden. H 30 cm, A 75 cm ☼ ❄❄ 💧 Empfehlenswert: 'Cannington Roy', *O. jucundum* 🏆, 'Nairobi Purple'

Pachysandra terminalis 🏆
(Schattengrün) Sich ausbreitende, immergrüne Staude mit glänzenden Blättern und im Frühsommer unscheinbaren, weißen Blütenständen. Bevorzugt feuchten, sauren Boden im Schatten. H 15 cm, A 60 cm ● ❄❄❄ 💧 Empfehlenswert: 'Green Carpet', 'Variegata' 🏆

Persicaria
Immergrüne oder Laub abwerfende, strauchige oder kriechende Staude. Im Sommer werden kolbenförmige Blütenstände in Rosatönen getrieben. H 75 cm, A 1 m ☼ ❄❄❄ 💧 Empfehlenswert: *P. affinis* 'Darjeeling Red' 🏆, *P. amplexicaulis* 'Firetail' 🏆, *P. campanulata* 'Rosenrot'

EMPFEHLENSWERTE WINTERHARTE FARNE

Im feuchten Schatten sind Farne elegante Bodendecker.

Blechnum penna-marina
Glänzende immergrüne Art, die sich rasch ausbreitet. Benötigt sauren Boden. H 20 cm, A 1 m

Dryopteris erythrosora 🏆
Langsam kriechend, mit gefiederten Wedeln. Jung sind sie kupferrot. H 60 cm, A 40 cm

Matteuccia struthiopteris 🏆
Die Wedel bilden schmale »Federbälle«. H 1,2 m, A 1 m

Onoclea sensibilis 🏆
Laub werfend, mit eingeschnittenen, im Frühling rosafarbenen Wedeln. H 60 cm, A 1 m

Polypodium vulgare 'Cornubiense'
Wüchsig. Gefiederte immergrüne Wedel. H 30 cm, A 80 cm

BLECHNUM PENNA-MARINA

PACHYSANDRA TERMINALIS

Potentilla (Fingerkraut)
Gruppen bildende Staude mit gefiederten Blättern und fünfstrahligen Blüten im Sommer. Gedeiht an sonnigen Stellen auf mageren, trockenen Böden. Große Bandbreite von Wuchsformen. H 45 cm, A 45 cm Ⓢ ❄❄❄ 💧 Empfehlenswert: *P. alba, P. aurea, P. eriocarpa, P. nepalensis* 'Miss Willmott'

Pratia
Niedrige, kriechende Immergrüne mit blauen oder weißen Sternblüten im Sommer. Breitet sich an sonnigen Stellen auf feuchten Böden rasch aus, wächst auch im Rasen. H 5 cm, A 60 cm ◐ ❄❄❄ 💧 Empfehlenswert: *P. angulata* 'Treadwellii', *P. pedunculata*, *P. pedunculata* 'County Park'

Prunella grandiflora
(Braunelle) Niedrige, ausladende, halbimmergrüne Staude. Die dichten Ähren rosa, weißer oder purpurner Blüten blühen den ganzen Sommer. Verwandt mit der im Rasen vorkommenden Braunelle. H 15 cm, A 1 m ◐ ❄❄❄ 💧 Empfehlenswert: 'Loveliness' 🏆, 'Pink Loveliness'

Pulmonaria (Lungenkraut)
Laub abwerfende oder immergrüne Waldpflanze mit rosa, blauen oder weißen Blüten im Vorfrühling. Es folgen Blätter, die oft silbrig gezeichnet sind. Die Pflanze bevorzugt feuchte Böden und Halbschatten. Auf trockenen Böden anfällig für Mehltau. H 25 cm, A 45 cm ◐ ❄❄❄ 💧 Empfehlenswert: *P. angustifolia* 🏆, 'Lewis Palmer' 🏆, *P. officinalis* 'Sissinghurst White' 🏆, *P. rubra* 🏆, *P. saccharata* Argentea-Gruppe 🏆

Sagina subulata (Mastkraut)
Niedrige, moosartige Pflanze mit schmalen Blättern und kleinen, weißen Blüten. Gut als Bodendecker im Schatten und zwischen Trittsteinen. H 1 cm, A 30 cm ◐ ❄❄❄ 💧 Empfehlenswert: 'Aurea'

Sanguinaria canadensis
(Blutwurz) Ausläufer bildende, in Gehölzen wachsende Rhizomstaude mit bereiften, gelappten Blättern und im Frühling mit weißen, kurzlebigen Blüten. Die gefüllte Sorte 'Plena' hat haltbarere Blüten. H 15 cm, A 30 cm ◐ ❄❄❄ 💧 Empfehlenswert: 'Plena' 🏆

PERSICARIA AFFINIS 'SUPERBA'

PULMONARIA SACCHARATA

Saxifraga (Steinbrech)
Alpen- und Waldpflanzen mit Rosetten aus dekorativen Blättern und Trauben kleiner, fünfzähliger Blüten, meist im Frühling. H 25 cm, A 30 cm ◐ ❄❄❄ 💧 Empfehlenswert: 'Cloth of Gold', *S. stolonifera* 🏆, *S. umbrosa* var. *primuloides* 🏆, *S.* × *urbium* 🏆

Sedum (Fetthenne)
Sonnenliebende Sukkulenten mit Büscheln kleiner Sternblüten, die Bienen anlocken. H 30 cm, A 45 cm Ⓢ ❄❄❄ ○ Empfehlenswert: *S. acre* 'Aureum', 'Autumn Joy' 🏆, *S. kamtschaticum* 'Variegatum' 🏆, *S. spathulifolium* 'Purpureum' 🏆, *S. spurium* 'Dragon's Blood' 🏆

Sempervivum
(Hauswurz)
Sukkulenten, deren Rosetten sich zu Matten verdichten. Die Rosetten sind unterschiedlich groß und gefärbt. Die Pflanzen überleben auf trockenen und sehr mageren Böden. H 20 cm, A 30 cm Ⓢ ❄❄❄ ○ Empfehlenswert: *S. arachnoideum* 🏆, 'Commander Hay' 🏆, *S. tectorum* 🏆

Soleirolia soleirolii
(Bubiköpfchen) Kriechende, immergrüne Staude mit winzigen Blättchen und unscheinbaren Blüten. Deckt Böden und Felsen in feucht-milden Klimaten. H 10 cm, A 1 m
◐ ✽✽ ♦ Empfehlenswert: 'Aurea', 'Variegata'

Stachys (Ziest)
Gruppen bildende oder kriechende Pflanzen, oft mit grauen, samtigen Blättern, für Sonne oder Halbschatten. Im Sommer erscheinen schöne purpurfarbene Blütenstände, die aber nach dem Verblühen entfernt werden sollten.
H 30 cm, A 60 cm ◐ ✽✽✽ ♦
Empfehlenswert: *S. byzantina* 'Big Ears' und 'Silver Carpet', *S. macrantha* 'Robusta' 🏆

Symphytum (Beinwell)
Rauhblättrige Staude mit verzweigten Trieben und hängenden Röhrenblüten im Sommer. Ausläufer oder Gruppen bildend. H 60 cm, A 60 cm
◐ ✽✽✽ ♦ Empfehlenswert: *S. caucasicum*, *S.* 'Goldsmith' 🏆, *S.* × *uplandicum* 'Variegatum' 🏆

SYMPHYTUM CAUCASICUM

STACHYS BYZANTINA

Tanacetum (Rainfarn)
Verschiedene Ein- und Mehrjährige, meist mit weißen oder gelben, margeritenartigen Blütenköpfchen, oft mit attraktiv gefiedertem Laub. Bevorzugen leichte, trockene Böden und volle Sonne. Mutterkraut (*T. parthenium*) sät sich weiträumig selbst aus und deckt kahle Stellen. Andere Sorten haben hübsche, graugrüne Blätter.
H 30 cm, A 45 cm ◐ ✽✽✽ ◊
Empfehlenswert: *T. argenteum*, *T. densum* ssp. *amani*, *T. parthenium* 'Aureum'

Tellima grandiflora
Gruppen bildende Staude mit Rosetten nierenförmiger, manchmal rot oder purpurfarben gezeichneter Blätter. Die hohen Trauben glockenförmiger, grünlicher Blüten erscheinen im Frühsommer. Gedeiht im Halbschatten auf feuchten Böden, verträgt aber auch Trockenheit. Geeignet für Gehölzgärten und als halbimmergrüne Bodendecker unter Sträuchern auf fast allen Böden. H 75 cm, A 30 cm
◐ ✽✽✽ ♦ Empfehlenswert: 'Purpurteppich', Rubra-Gruppe

Tiarella (Schaumblüte)
Waldpflanze, die sich ausdehnende Blätterteppiche bildet. Im Sommer erscheinen Trauben kleiner, flauschiger Blüten, bei *T. cordifolia* 🏆 weiß, bei *T. wherryi* 🏆 oft rosa.
H 20 cm, A 30 cm ◐ ✽✽✽ ♦

Tolmiea menziesii
(Henne mit Küken)
Sich rasch ausbreitende halbimmergrüne Staude mit nierenförmigen, gelappten Blättern. Schlanke Trauben kleiner, bräunlicher Blüten im Frühsommer. In den Blattachseln entstehen neue Pflänzchen, die bei Bodenberührung Wurzeln bilden. H 45 cm, A 60 cm
◐ ✽✽✽ ◊ Empfehlenswert: 'Taff's Gold' 🏆

Trachystemon orientalis
Wuchernde, Ausläufer bildende Pflanze, im Frühling mit sternförmigen, blauen Blüten und danach leuchtend grünen Blättern. Bildet in rauhen, nicht zu trockenen Waldgebieten dichte Kolonien, unterdrückt Unkräuter und übersteht sommerliche Trockenheit.
H 30 cm, A 1 m ◐ ✽✽✽ ◊ ♦

TELLIMA GRANDIFLORA RUBRA-GRUPPE

Tradescantia
(Dreimasterblume)
Kriechende oder Gruppen bildende Pflanzen mit schmalen Blättern und dreizähligen Blüten. Die kriechenden Sorten sind nicht frosthart, bilden aber in milden Klimaten gute Bodendecker. Frostharte, Gruppen bildende Arten pflanzt man am besten sehr dicht. H 45 cm, A 60 cm ☼ 💧 Empfehlenswert: *T.* × *andersoniana* 'Isis' 🏆 ❄❄❄ und 'Osprey' 🏆 ❄❄❄, *T. fluminensis* 'Quicksilver' 🏆 ❄, *T. sillamontana* 🏆 ❄

TIARELLA WHERRYI

Viola (Veilchen)
Gruppen bildende Stauden mit hübschen, oft duftenden, violetten, weißen oder gelben Blüten im Frühling und Sommer. Sich selbst aussäende Sorten eignen sich sehr gut als Bodendecker. H 15 cm, A 30 cm ☼ ❄❄❄ 💧 Empfehlenswert: *V. cornuta* 🏆, *V. hederacea* ❄❄, *V. odorata*, *V. riviniana* Purpurea-Gruppe

Waldsteinia ternata
Kriechende, immergrüne Staude mit leuchtend gelben, erdbeerähnlichen Blüten im Frühling. Für große Flächen. H 10 cm, A 60 cm ● ❄❄❄ 💧

ZWIEBELPFLANZEN

Zwiebeln zwischen Bodendeckern und Sträuchern lockern kahle Stellen oder grüne Teppiche im Frühling auf.

Achten Sie darauf, dass die Blütenstände höher sind als die Polsterpflanzen. Die meisten Zwiebeln vertragen kalkhaltige Böden und überstehen trockene Sommer, benötigen jedoch im Frühling Feuchtigkeit. Nur wenige gedeihen im tiefen Schatten immergrüner Pflanzen, die meisten fühlen sich jedoch unter Laub abwerfenden Sträuchern wohl. Alle hier genannten Pflanzen sind vollständig frosthart.

Allium (Zierlauch)
Im Sommer Dolden aus sternförmigen Blüten. H bis 45 cm ☼ Empfehlenswert: *A. christophii* 🏆, *A.* × *hollandicum* 🏆, *A. karataviense* 🏆

Chionodoxa (Schneestolz)
Frühe Frühjahrsblüher in Blau oder Pink, meist mit weißer Mitte. H 15 cm ☼ Empfehlenswert: *C. forbesii* Siehei-Gruppe 🏆, *C. sardensis* 🏆

Colchicum (Herbstzeitlose)
Malvenfarbene, becherförmige Blüten im Herbst, große Blätter im Frühling. H 20 cm ☼ Empfehlenswert: *C. speciosum* 'Album' 🏆

NARCISSUS CYCLAMINEUS

GALANTHUS 'FLORE PLENO'

Erythronium (Hundszahn)
Waldpflanze mit marmorierten Blättern. Die hübschen Blüten mit den zurückgeschlagenen Blütenblättern erscheinen im Frühling und Frühsommer. H 20 cm ◐ Empfehlenswert: *E. dens-canis* 🏆, 'Pagoda' 🏆

Galanthus (Schneeglöckchen)
Niedliche, weiße Blüten im Spätwinter und Vorfrühling, leicht anzusiedeln. H 15 cm ◐ Empfehlenswert: *G. elwesii* 🏆, *G. nivalis* 'Flore Pleno' 🏆

Leucojum (Knotenblume)
Pflanzen mit kräftigen Blättern und glockenförmigen, weißen Blüten im Frühling und Frühsommer. H 20 cm ◐ Empfehlenswert: *L. aestivum* 'Gravetye Giant' 🏆, *L.- vernum* 🏆

Narcissus (Narzisse)
Frühlingsblühende Zwiebeln mit Blüten in Weiß bis Gelb. H bis 40 cm ◐ Empfehlenswert: 'Actaea' 🏆, *N. cyclamineus* 🏆, 'February Gold' 🏆, 'Ice Follies' 🏆, 'Tête-à-tête' 🏆

Scilla (Blaustern)
Im Frühling blühende Zwiebeln mit blauen, rosa oder weißen Blüten. H 15 cm ☼ ◐ Empfehlenswert: *S. siberica* 🏆

REGISTER

Kursive Seitenzahlen verweisen auf zusätzliche Abbildungen.

A

B

C

D–F

G

H

I–K

L

DANK

Bildrecherche Sean Hunter

Abbildungen Karen Cochrane

Register Ella Skene

Dorling Kindersley dankt folgenden Personen: allen Mitarbeitern der RHS, insbesondere Susanne Mitchell, Karen Wilson und Barbara Haynes vom Vincent Square sowie Lesley Malkin für ihre redaktionelle Unterstützung.

The Royal Horticultural Society
Wenn Sie mehr über die Arbeit der Society wissen möchten, besuchen Sie uns im Internet unter **www.rhs.org.uk**. Dort finden Sie Informationen über Veranstaltungen, eine Datenbank über Gartenbau, internationale Pflanzenverzeichnisse, die Ergebnisse von Pflanzenversuchen und Einzelheiten zur Mitgliedschaft.

Fotonachweis
Der Verlag bedankt sich bei folgenden Personen und Institutionen für die freundliche Reproduktionsgenehmigung:
(Schlüssel: o=oben, m=mitte, u=unten, l=links, r=rechts, Uv=Umschlag vorne, Uh=Umschlag hinten)

Garden Picture Library: Brian Carter 14ur, 56ul, 56um; Brigitte Thomas 8or, 13ur; Christopher Gallagher 50or; Eric Crichton 55ul; Howard Rice 33ol; Jacqui Hurst 23mlu; Jane Legate 23mru, 40ml; John Glover 10ur, 42mru, 45or; JS Sira 33or; Mayer/Le Scanff 9ol, 49ur; Ron Sutherland 54. **John Glover**: 8u, 10ul, 15o, 44mra, 51ul. **Jerry Harpur**: 6, 11o, 14o, 34or, 49ul. **Holt Studios International**: 41ml, 42um, 42mra. **Andrew Lawson**: 9or, 23om, 25mru, 28mru, 33ur, 45ur, 57ml. **Clive Nichols**: 4ul, 23or, Greystone Cottage, Oxon. 24Ml, 48ml, Hilary Macpherson 12, Vale End, Surrey 22mru. **Harry Smith Collection**: 38ml, 39ol, 40ur.

Umschlag: **Garden Picture Library**: Brigitte Thomas Uh ol. **John Glover**: Uv mla, Uv m, Uh m. **Andrew Lawson**: Uv ul, Uv ula, Uh or.